# 슬기로운 대학원 생활

'나를 바꿀 수는 있어도 지도교수를 바꿀 수는 없다'

# 슬기로운 대학원 생활

나를 바꿀 수는 있어도
지도교수를 바꿀 수는 없다

◆ 전영선 ◆

역락

# 삼난(三難) 끝에 얻은 지혜

이 책은 대학원 생활 가이드북이다. 논문에 진심인 대학원생이 헛걸음을 줄이고, 낙담하지 않고, 전문가로 살아남기 위한 대학원 생활 가이드북이다.

배움이 깊지 않은 상황에서 이런 책을 내는 것은 무모하고도 건방지기 짝이 없는 일임을 알고 있다. 그래도 용기를 내는 것은 새로운 연구를 고민하는 대학원생들의 목소리를 들었기 때문이다.

논문에 관한 이야기를 책으로 쓰겠다고 생각한 계기는 필자의 연구 분야 관련이 있다. 나의 주된 연구 분야는 북한 문화이다. 좀 더 나눈다면 북한 문화정책이다. '분단 이후 같은 문화와 같은 언어를 가졌던 남북이 분단 상황에서 서로 다른 체제에서 수십 년의 시간을 보내면 어떻게 될까?'라는 의문으로 시작한 연구가 어느덧 30년에 이르렀다.

돈도 안 되는 연구 주제에 관심을 둔 이유는 시간은 그저 아무렇지도 않게 흘러가지 않기 때문이다. 남북은 오랜 역사와 언어, 문화를 공유했다. 하지만 80년을 아무런 소통 없이 보냈다. 공유하였던 언어, 문화가 차이나고 달라지는 것은 당연한 결과였다.

언어는 생각보다 빠르게 달라진다. 영어를 보자. 오늘날 영어는 단수가 아니라 복수로 존재한다. 영국식 영어가 있고, 미국식 영어가 있다. 여기에 호주 영어, 남아프리카공화국 영어가 따로 있다. 한국식 영어인 콩글리시도 있다. '핸드폰', '그룹사운드' 등은 콩글리시의 대표적인 사례이다.

국어도 다르지 않다. 좀 더 객관적인 표현으로 하면 '한국어'가 맞을 것이다. 예전의 국어와 오늘의 국어가 다르다. 한 뿌리였던 한국어도 지역에 따라 차이가 난다. 중국 조선족의 한국어가 다르고, 남한의 표준어와 북한의 문화어가 차이 난다.

한국문학이라는 개념도 복잡해졌다. '한국인이 한국어로 쓴 문학'이라는 개념은 통용되기 어려워졌다. 재미교포가 영어로 쓴 작품을 한국문학이 아니라고 할 것인가? 조선족 동포가 한글로 쓴 문학작품은 또 어떤가? 재일교포의 문학 역시 마찬가지이다. 작가의 국적이나 민족, 언어를 가지고 한국문학이라고 개념 짓기 모호하다. 한강 작가의 영문판은 한국 작품의 번역이므로 한국문학이라고 할 수 있을까? 한글로 쓰면 한국문학이라고 할 수 있을까? 해외동포나 한국인이 영어나 다른 언어로 썼다고 한국 문학이 아니라고 할 수 있을 것인가?

북한 문화 연구는 인생에 별로 도움이 안 될 것 같은 북한을 인문학적 고민으로 시작한 분야였다. 깊은 고민없이 뭔가 애국하는 마음으로 시작한 연구는 생각보다 어려웠다. 선행 연구도 없었고, 마땅한 자료도 없었다. 자료를 찾는 것부터 난관이었다. 북한 자료는 특수자료이다. 특수자료를 찾는 접근 자체가 제한되었다. 적어도 북한 문화 연구는 개척자의 입장이었다.

독해는 더 난감했다. 북한은 정치가 모든 것을 압도한다. 정치적인 맥락 없이 텍스트를 읽는 것은 깜깜한 어둠 속에서 바늘 찾기였다. 달라도 너무 달랐다. 북한 연구만큼이나 자료를 찾기 힘들고, 텍스트 읽기와 독해가 난해한 분야가 있을까 싶었다. 텍스트에 대한 접근과 해석에 대한 고민은 상당했다.

북한 연구를 시작한 이래로 북한 문건을 찾아 읽고, 영화나 드라마, 공연을 보고, 문맥을 읽는 작업을 손에서 뗀 적이 없다. 200여 편의 논문과 글을 썼고, 그와 비슷한 만큼의 책을 썼다. 숱한 헛걸음이 있었다. 결과로 맺지 못하고, 너무도 뻔한 결론으로 허망하게 수고를 날린 것도 부지기수다. 어쩌다 북한 연구나 통일에 관심을 두는 얼마 안 되는 '존귀한 후학'을 만나면, 말리는 마음이 앞섰다.

그래도 할 수 있는 일이 있다면, 그건 경험을 나누는 일이라 생각했다. 대학원에서 논문을 쓰는 작업은 온전히 모래에서 바늘 찾기를 체험하는 과정이었다. 대학원 생활이란 별다를 게 없다. 자료를 찾고, 찾은 자료를 열심히 읽고, 지형을 찾아 좌표를 설정하는 과정이다. 북한 연구를 하면서 대학원생을 위한 글쓰기를 고민한 엉뚱하지 않은 이유다.

북한 문화 분야는 연구 성과가 그렇게 많이 축적되어 있지 않다. 전문가도 별로 없다. 고민이 있어도 참고할 자료나 선생을 찾기가 쉽지 않다. 그러다 보니 자연스럽게 논문에 대한 방황과 고민이 컸다.

학부에서 리포트를 잘 썼다고 칭찬만 들었던 학생이 대학원에서 좌절하는 경우가 있다. 실패를 두려워하기 때문에 자기 생각을 주장하지 못하고, 다른 논문이나 글을 잘 주워 모으고 정리하는 것이 최선이라고 생각하기 때문이다.

대학원생은 아직 충분히 숙련된 전문가가 아니다. 어디를 가든 초행길이다. 시행착오가 생기는 것은 당연하다. 시행착오 없는 학문적 전진이란 없다. 시행착오가 두렵다면 시작하지 않는 게 좋다.

학문의 세계는 많은 실패의 발자국이 남지만 남기는 발자국만큼 길이 열리고 세계가 넓어진다. 공부만이 주는 매력이다.

몇 년을 묵었던 원고였다. 애당초 출판을 염두에 둔 글이 아니었다. 폭염의 미련을 버리지 못하는 여름 끝자락에서 잔소리처럼 늘어놓았던 글을 잘 다듬어 주었다. 책답게 만들어준 분들께 감사드린다.

2025년<br>
유별났던 여름이 유발나지 않는 여름으로 기억될 것이라는 걱정을,<br>
아침저녁 희미하게 느껴지는 신선한 공기의 힘으로 밀어내듯<br>
한 권의 무게를 덜어낸다.

우직한 황소상 뒷편 연구실에서<br>
전영선 쓰다

# 차례

## 제3부 논문작성법



## 제4부 자료의 수집과 관리



## 제5부 목차 정하기

## 제6부 논문쓰기



## 제7부 논문은 형식이 90%

# 제1부

# 대학원이란

# 1.

## 결과를 만드는 곳

학(學)이란 원어대로 만물을 분명히 알고, 그 근원에 따라 그것이 무엇인가를 아는 것이다. 술(術)이란 생겨남을 아는 것이라는 원어처럼, 만물이 성립하는 근원을 알고, 그 성립하는 이유를 분명히 아는 것이다.

- 야마모토 다카미쓰 저/지비원 번역,
『그 많은 개념어는 누가 만들었을까』, 메멘토, 2023.

### 대학원은 결과를 만드는 곳이다.

대학원을 대학 생활의 연장으로 생각하는 학생들이 있다. 그렇지 않다. 교양 지식을 쌓거나 견문(見聞)을 넓히는 과정으로 이해해서는 안 된다. 대학의 과정은 오로지 최종 결과를 향해 있어야 한다. 대학원의 최종 결과는 논문이다.

결과는 만들기 위해서는 시간이 있어야 한다. 과정을 만드는 절대적인 시간, 절대량의 시간이 필요하다. 내용을 준비하는 시간, 논문을 실제로 작성하는 시간, 일차로 쓰인 논문을 다듬는 시간, 지적 사항을 수정하는 시간이 필요하다.

논문을 쓰기 위해서는 수업을 들어야 하고, 어학시험, 종합시험을 통과해야 한다. 어학시험, 종합시험을 보기 위해서는 자격을 갖추어야 한다. 대학원 과정은 논문을 쓰기 위한 과정과 시간을 인지하고, 시간을 효율적으로 써야 한다. 대학원에 들어오면, 먼저 대학원 과정을 인지하는 것이 중요하다. 대학원 과정을 이해하지 못하고 생활하는 것은 도착지만 알고 경유지를 모르고 가는 여행과 같다. 중간에서 길을 잃거나 헤매다가 시간을 버릴 확률이 높다.

대학원 규정이 엄격하게 다루어지는 이유는 전문성 때문이다. 대학원은 전문가를 양성하는 곳이다. 학문 연구를 직업으로 하는 능력을 배우는 곳이다. 연구로 먹고살아야 하는 프로 연구자, 운동으로 치면 프로선수를 양성하는 곳이다.

프로와 아마추어의 차이는 무엇일까? 한 마디로 실력이다. '단순히 안다는 것'이 아니다. 일정한 수준을 유지해야 한다. 실력이 있고, 없고의 문제보다 중요한 것은 일정한 수준을 유지해야 한다는 것이다. 프로와 아마추어의 차이는 잘하고, 못 하는 데 있지 않다. 아마추어라도 때에 따라서는 프로 이상의 실력을 발휘할 수 있다.

프로라면 컨디션이 나쁘고 열악한 상황에서도 일정 수준을 유지할 수 있어야 한다. 어떤 상황에서도 일정 수준을 유지할 수 있는 실력이 프로선수의 첫 번째 조건이다. 잘한다는 것보다 잘못하지 않고 일정 수준을 유지해야 하는 것이 프로의 자질이자 관건이다.

연기자들을 보면 어떻게 저렇게 할 수 있을까 싶을 때가 있다. 새로운 역할을 맡을 때면 그 이전의 역할은 싹 잊어버리고, 전혀 새로운 역할을 해낸다. 더없이 착한 천사 역할을 맡았다가 꿈에 보일까 무서운 살인자 역할을 하기도 한다.

대학원 과정은 그런 전문성을 갖추도록 교육하는 곳이고, 논문으로, 전문성을 갖추었는지 평가한다. 프로는 최악의 조건에서도 기본을 하는 것처럼 어떤 문제에 대해서도 최소한의 논리 구조를 갖춘 글쓰기가 되어야 한다.

전문성은 어떻게 확보되는가? 전문성은 전문 지식과 전문 지식을 적절하게 활용할 수 있는 지혜가 있어야 한다. 대학원은 해당 분야의 다양한 지식을 배운다. 전문적인 지식이 없다면, 전문가라고 할 수 없는 것은 당연하다. 전공 분야의 지식을 비롯하여, 다양한 지식을 배워야 한다. 지식의 범위는 한정이 없다. 기본적으로 전공 분야의 지식을 공부해야 한다. 연관된 분야의 학문적인 지식도 중요하다. 다양한 학문적 지식은 사유체계를 넓히는 지름길이다. 가끔은 생각지도 않았던 분야의 연구가 새로운 영감을 주기도 한다.

지혜는 지식을 활용하는 능력이다. 전문성 없는 지혜는 올바른 지혜라 할 수 없다. 꼼수, 잔재주이다.

대학원은 지식을 활용하여, 논문을 쓴다. 논문은 배운 지식을 테스트하는 '알아 맞추기'가 아니다. 많이 안다는 것은 지식이 많다는 것이지 그 자체가 곧 훌륭하다는 것은 아니다. 전문 지식을 활용하여 문제를 해결하는 지혜를 보여주어야 한다.

지식도 꿰어야 논문이 된다.

대학원은 배운 지식을 바탕으로 새로운 학문을 만들어 가는 과정이다. 학위논문 심사는 새로운 주제에 맞추어 잘 구성할 수 있는지를 평가하는 것이다. 논문은 기존 연구와는 다른 새로운 주장이 있어야 한다. 많이 배운 것, 많이 알고 있는 것을 보고하는 보고서와는 다르다. 새로운 주장을 논리적으로 구성해야 한다. 배운 것이 구술이라면, 배운 지식을 새로운 시각에서 자신의 주장을 펼치는 것은 실이다. 구술이 서 말이라도 잘 꿰지 못하면 의미는 반감된다.

## 2.

# 프로는 결과, 대학원은 논문

아리스토텔레스의 언급처럼, 분류하고 비교하고 일반화하고 단순화하는 것은 연구자의 피할 수 없는 지적 행위이다. 필자는 강의실에서 학생들에게 공부하는 것은 개념화하는 것(to study is to conceptualize)이라고 역설해왔다. 다양한 소재를 개념 틀에 맞춰 구분, 정리하고 특정 시각에서 분석하고 비교하면서 가능한 보편적 원리를 찾아내려는 연구 행위의 특성을 강조하기 위해서이다.

- 최상용, 『중용의 정치사상』, 까치, 2012, 18쪽.

프로는 결과로 말한다. 최악의 상황에서도 최고의 결과를 내기 위해서는 끊임없이 자신을 관리해야 한다. 프로야구 선수들의 여름철 성적은 지난 겨울 동계훈련의 결과이다. 겨울 동안 갈고 닦은 훈련의 결과가 더운 여름 시합에서 비로소 나타난다.

전문가의 눈은 속일 수가 없다. 노력한 것, 알고 있는 것은 글에 그대로 드러난다. 피아니스트 장한나는 이런 말을 했다.

> 하루를 연습하지 않으면 내가 알고, 이틀을 연습하지 않으면 동료 피아니스트가 알고, 삼 일을 연습하지 않으면 관객이 안다.

글을 쓰는 것도 별반 다르지 않다. 쉬었다 쓰는 글은 티가 난다. 겨울 방학 시작할 무렵 때 이른 원고청탁을 받은 적이 있었다. 원고지 50매 정도의 짧은 글이었고 '남북문화교류 평가'에 관한 것이어서 크게 부담되는 것도 아니었다. 크게 부담 없이 쓸 수 있다고 생각했다.

하지만 아니었다. 그해 겨울 갑작스럽게 이사할 일이 생겼다. 전세를 구하고, 이삿짐을 꾸리고, 이사하기까지 여러 일이 있었다. 하필이면 직장도 옮기게 되었다. 이런저런 일이 겹치면서 글을 쓸 시간이 없었다.

마감을 며칠 앞두고 펜을 잡았을 땐 머릿속은 복잡했다. 글이 나가지 않았다. 10여 년을 해왔던 일이었지만 몇 달의 공백은 생각보다 컸다. 글쓰기를 게을리했던 것이 치명적이었다. 고통의 연속이었다. 결국 금요일 마감을 넘기고 월요일 새벽이 되어서야 겨우 원고를 넘길 수 있었다. 하지만 그게 끝이 아니었다.

보낸 원고를 출력해서 읽어보았다. 도저히 그대로 출판할 수 없었다. 결국 양해를 구하고 하루의 말미를 더 얻었다. 밤을 새우고, 다음 날 아침에야 수정본을 보낼 수 있었다.

세상에 가장 큰 빚의 하나는 글 빚이다. 마감은 정해져 있고, 글은 머릿속에서 맴맴 돌기만 하고, 나오지 않는 것은 견딜 수 없는 고통이다. 그냥 지나칠 수도 있다. 내 글을 보는 사람이 얼마나 될까 싶었다. 하지만 이런 것은 전문가로서의 바람직한 태도가 아니다. 적어도 같이 공부하는 사람들도 안다. '요즘 공부 안 하는구나.' 그렇게 숨길 수 없는 티가 난다.

# 3.

# 슬기로운 지도교수 활용법

대학원의 시간은 학부 때와는 다르게 흘러간다. 수업도 적어서 시간도 많고, 지도교수님도 잘 가르쳐줄 것 같다. 하지만 그렇지 않다. 지도교수는 그리 친절하지 않다. 오히려 기본 수준을 요구한다. 대학원에 올 정도면, 기본적인 실력과 자질을 갖추었다고 생각하기 때문이다. 그래서, 자료를 조사하고, 글을 쓰는 것을 따로 가르치지 않는다. 학문을 업으로 하기 위한 기본 학습 능력은 스스로 갖추어야 한다.

## 불친절한 교수님

논문은 내가 연구하고 공부한 결과를 만천하에 드러내는 것이다. 누구든 그렇듯이 내가 공부한 결과를 공식적으로 드러낸다는 것은 속살을 보이는 것처럼 쉽지 않은 일이다.

경찰서나 법원 같은 곳에 가면 죄지은 일이 없어도 왠지 주눅이 든다. 논문도 마찬가지이다. 공직자로 지명된 인사들이 청문회에게 나가듯이, 논문을 쓴다는 것은 내가 연구한 모든 것을 검증받는다는 것이다.

부족한 부분을 여러 사람들 앞에서 검증받기란 쉽지 않다. 논문의 주제가 특별해야 한다고 생각하는 것도 실은 내가 모르는 것을 남들도 몰라주었으면 하는 바램이 있기 때문이다.

이럴 때 지도교수를 찾게 된다. 그런데 지도교수님은 그렇게 친절하지 않다. 대학원생들이 지도교수의 역할에 대해 불만을 터트리는 경우를 어렵지 않게 본다. 애써 논문을 써가도 자세히 읽지도 듣지도 않고, 잘못만 지적한다고 불만이다.

밤새워 한 자 한 자 논문을 써간 입장에서는 섭섭할 만하다. 하지만 그것은 학생의 불만이다. 몸이 아파 병원에 가본 경험이 있을 것이다. 의사가 어떻게 하던가. 의사들은 이것저것 몇 가지 물어보고, 엑스레이 사진만 보고도 환자의 상태를 파악한다. 논문을 보는 눈도 비슷하다. 논문에 대해서 몇 가지 물어보고, 제목을 보고, 목차를 보고, 서론을 훑어보는 것만으로도 논문의 완성도를 알 수 있다.

논문마다 그 논문이 갖추어야 할 정연한 순서가 있다. 제목이 분명한 목적을 담고 있는지, 목차는 잘 구성되어 있는지, 이론과 방법에 대해서는 얼마나 알고 있는지는 몇 가지만 물어 보아도 알 수 있다. 논리 수준이야 서론과 본문 몇 줄만 보아도 전체를 파악할 수 있다. 생전 안 했던 운동을 몇 시간 한다고 해서 신체가 갑자기 좋아지지 않는다. 학문도 마찬가지다. 몇 달 열심히 했다고, 갑자기 좋아지지 않는다.

의사나 한의사들은 전공 분야의 전문 교육과 수련을 받았고, 자기 분야에서 매일같이 환자들을 보아 온 경험과 노하우가 있다. 학문의 세계에도 마찬가지이다. 교수들은 각자 전공 분야가 있다. 전공 분야에서 가장 많이 고민하고, 글을 쓰고, 책을 논문에 대해서 몇 가지 물어보고 목차를 보고 몇 페이지를 넘겨보는 것으로도 논문의 가치와 정도를 평가할 수 있다.

문제는 글 쓰는 사람은 '자기의 글이 어디가 어떻게 잘못'되었는지를 알지 못한다는 점이다. 고민했던 부분은 나름대로 답변했다고 생각하는데, 그것을 몰라준다고 생각한다. 지도교수가 지적한 것이 '본문에 다 있다'고 말한다. 그러니 자세히 읽으면 알 수 있다고 한다.

이런 말은 의미가 없다. 논문을 보는 사람이 숨어있는 의미를 찾아서 '아! 여기 있었네'하지 않는다. 논문에서 핵심은 분명하게 드러나야 하고, 보여주어야 한다. 꼭꼭 숨겨두고, 본문에 있다고 하는 것은 잘못된 글쓰기이다.

지도교수가 친절하지 않듯이 학문의 세계는 또한 그렇게 친절하지 않다. 논문의 글은 적의 논리와 내 논리가 싸우는 전쟁터이다. 논문이나 공적인 글쓰기에서는 먼저 자기 글을 냉철하게 돌아보고 약점을 보완할 필요가 있다.

## 지도교수는 지도일 뿐

나이가 많은 대학원생을 상담한 적이 있었다. 직장에서 정년퇴임을 불과 1년 앞두고 박사학위 논문을 준비하고 있었다. 직장생활을 하면서 뒤늦게 공부를 시작한 것이 박사과정까지 하게 되었으니, 마무리 짓고 싶어 하셨다. 대학원 교수님들이 많이 도와주겠다고 하였고, 지도교수와 관계도 좋으니깐 적당히 논문만 쓰면 통과시켜 주겠다고 하였다는 말도 덧붙였다.

"장담하건대 선생님은 어떤 일이 있어도 1년 안에 졸업 못하십니다."

내가 건 낸 첫마디였다. '전박사가 젊어서 아직 세상물정을 잘 몰라서 그런다'고 하면서 이번 학기에 나가신다고 장담 하였다. 이후로 가끔 찾아와서 어떤 자료를 보아야 할지, 이렇게 쓰는 게 맞는 것인지를 물어보았다.

한 학기가 지나고 나서였다. 여름 방학이 끝나갈 무렵 다시 찾아오셨다. '도대체 지도교수가 해주는 것이 하나도 없다'는 하소연을 풀어놓았다. '도대체 만나려고 해도 만나기도 어렵고, 왜 그렇게 바쁜지 메일을 보내도 답변도 시원치 않다'는 불평이 이어졌다. 지도교수가 말뿐이지 지도를 해주지 않으니 이제는 도저히 믿을 수 없다는 것이었다.

"잘 생각하셨습니다. 잘 하시면 이번 학기에 논문을 쓰실 수 있을 겁니다."

이후로는 정확히 일주일에 세 번을 찾아오셨다. 매일 같이 오셔서 작업한 것을 보여주시고, 조언을 듣곤 하셨다. 직장생활을 하면서 규칙적인 생활이 몸에 배셨는지 한 학기동안 빠지지 않고 그렇게 찾아왔다. 그렇게 한 학기가 지나갔다. 논문은 많이 완성되었다. 마침내 그 학기는 아니었지만 다음 학기에는 논문을 마칠 수 있었다. 늙은 나이에 논문을 쓰면서 신경성 위장염까지 걸려 고생은 했지만 '이제야 비로소 공부가 무엇인지를 조금이나마 이해하게 되었다'며 고맙다는 말을 남겼다.

## 지도는 말하지 않는다. 보여줄 뿐

대학원에서 가장 중요한 것은 논문을 쓰는 것이다. 논문을 쓴다는 것은 가수가 노래로 평가받는 것과 같다. '위대한 탄생'이라는 프로그램이 있었다. 심사위원들은 참가자들의 노래 한 소절만 듣고도 가능성을 평가한다. 학위논문도 논문을 통해 논리적 글을 쓸 수 있는지를 검증받는다. 아무리 많은 전공지식을 배워도 논문을 쓰지 못한다면 소용이 없다. 대학원에서 열심히 공부하고 많은 경험을 축적하고 좋은 리포트를 제출하였다는 그것은 좋은 학생일 뿐이지 결코 좋은 연구자라고 할 수 없다.

학자는 기존 지식을 바탕으로 새로운 지식을 창조하는 사람이다. 대학원 생활은 전문 학자로서 지식을 습득하고, 자신의 논리체계를 만들어 내는 것이다. 대학원은 학자가 되는 과정이고, 논문은 그런 능력을 검증하는 결과물이다. 논문을 통해 전문가로서 자격을 심사받고, 인정받는다.

대학원에는 지도교수가 있다. 지도교수는 내 논문을 지도한다. 지도교수를 통해 배움을 전수받는다는 것은 대학원 생활의 특권이다. 지도교수의 지도를 받으면 금방이라도 학문적인 발전이 있을 것 같지만 그렇지 않다.

지도교수는 결코 그렇게 하지 않는다. 지도교수는 당신이 필요한 곳까지 친절하게 안내해 주지 않는다. 지도교수가 있지만 지도교수는 자신의 학문적 좌표를 찾아가는 데 도움이 되는 학문적 지도(地圖)일 뿐이다. 지도교수가 친절하게 하나하나 논문 지도해 줄 것이라고 믿고 있다면 조용히 그 생각을 내려놓아라.

대학원은 학문을 대하는 태도, 논문을 쓰는 자세를 배우는 곳이다. 지도교수는 당신이 찾아가야 할 학문적 목적지와 방법을 알려주는 지도일 뿐이다. 지도교수는 여행지의 가이드가 아니다. 친절하게 당신을 손을 이끌고 안내해 주지 않는다. 스스로 가야할 학문적 노정에서 선배 학자로서 조언과 방법을 보여줄 뿐이다.

논문이라는 목적지가 어디에 있는지, 어떻게 가야하는 지는 스스로 정하고 스스로 찾아가야 한다. 지도교수에게 잘 보이고 시키는 대로 하면 졸업할 수 있다고 믿는 학생도 있다. 특히 사회경험이 많은 학생들은 지도교수와의 인간관계를 중요시 한다. 단언컨대 그런 일은 없다. 냉철하게 말하면 인간관계는 인간관계고, 논문은 논문이다.

# 4.

# 대학원, 시간과의 투쟁

## 일은 바쁜 사람에게 시켜라

'일은 바쁜 사람에게 시켜'라는 말이 있다. 바쁜 사람에게 일을 시키라니, 이해가 안 되는 소리로 들린다. 바쁘지 않은 사람에게 일을 시키는 것이 맞지 않을까? '일은 바쁜 사람에게 시켜'라는 뜻은 바쁜 사람은 바쁜 만큼 시간을 관리할 줄 알기 때문이다.

시간을 아낀다는 것은 시간을 적절하게 잘 관리한다는 뜻이다. 대학원 생활에서 가장 중요한 문제는 효율적인 시간 관리이다. 오롯이 공부만 할 수 있다면 좋겠지만 그런 복된 환경을 갖는 경우는 거의 없다. 수업도 해야 하고, 과제도 준비해야 하고, 논문도 준비해야 한다. 대학원 수업은 학부 때보다 길지 않다.

학부처럼 학기도 길지 않고, 휴학할 수 있는 여유도 크게 없다. 금방 졸업이다. 신입생이라는 꼬리표가 떨어질 때쯤이면 어학 시험, 종합

시험을 준비해야 한다. 그리고 나면 논문 학기다. 때를 놓치면 점점 논문에서 멀어진다. 공부라는 것도 때가 있어서, 한 번 놓치게 되면 회복하는 시간이 필요하다.

학문 세계 만의 일이겠는가. 무슨 일을 하더라도 시간 관리는 성공을 좌우하는 열쇠다. 시간 관리에 실패한 사람은 성공할 수 없다. '급한 일은 가장 바쁘게 사는 사람에게 시'키라는 말도 그렇다. '한가한 사람'이 여유도 있고, 시간도 많을 것 같다.

하지만 시간이 많다고 일도 잘 할까? 바쁘지 않은 사람이 시간이 남아 일을 할 수 있을 것 같지만 그렇지 않다. '바쁘다'는 것은 '일이 많다'는 것이기도 하지만 '시간을 잘 관리한다'는 의미도 있다.

시간을 잘 관리하는 사람은 시간을 관리하는 방법을 아는 사람이다. 그래서 일에 대한 계산이 가능하다. 하루에 할 수 있는 일, 일주일에 할 수 있는 일을 잘 가늠한다. 그리고 최대한 효율적으로 시간을 관리한다. 일을 시키면, 할 수 있는 일의 양과 시간을 확실하게 안다. 그래서 계획이 생긴다.

## 짜투리 시간을 관리하는 자가 승리한다

대학원이라고 해서 오롯이 공부만 할 수 있다고 생각하지 말라. 생각보다 바쁘고, 정신없다.

필자는 대학원에서 조교를 하였다. 조교가 되면 이것저것 일이 많다. 대학의 교양 국어와 관련된 일이 본업이었지만 다른 일도 많았다. 학과의 일도 있고, 학회 활동도 있다. 학술대회나 출판일도 거들어야 하고, 연구과제 보조업무도 있다.

하지만 정해진 기간 내에 졸업을 했다. 나뿐만 아니라 조교를 했던 선배나 동기나 후배들은 대부분 4학기 만에 졸업했다. 일종의 관행처럼 되어 있었다. 오히려 조교를 하지 않고, 공부만 하는 전업 학생인 경우에는 4학기 만에 졸업하는 경우가 절반 정도였다.

결코 시간이 많아서가 아니었다. 조교 생활은 수업 보조와 업무 보조에 행정관리까지 이것저것 일이 많다. 눈에 보이지 않은 일도 많다. 국문과였기 때문에 전 학년이 교양필수 과목으로 들어야 하는 교양 국어까지 담당했다.

교양 국어는 글쓰기와 말하기가 나누어져 있었는데, 한 과의 수업을 글쓰기와 말하기 두 분 선생님이 담당하셨다. 시험이 끝나고 나면 단과대학 교학과로 답안지가 모아 지고, 교양국어 위원회로 넘어오면 선생님들이 해당 학과 말하기와 글쓰기를 채점하셨다. 채점이 끝나고 나면 조교들이 채점지를 받아 말하기 점수와 글쓰기 점수를 옮기고 합산하였다. 두 분 선생님의 채점이 끝나야 합산이 가능하기에 어느 한 분만 끝나도 합산이 되지 않았다.

겨울 방학에는 교양과목 시간표를 짜야 했다. 모든 학과의 교양과목 시간은 고정되어 있었다. 여기에 50명의 선생님별 강의 시간 수를 맞추어야 했다. 선생님들의 강의 희망요일도 참고해야 했고, 캠퍼스 간 이동 거리도 생각해야 했다. 이렇게 해서 시간표가 완성되어도 끝나는 것이 아니었다. 항상 변동사항이 생겼다. 갑자기 강의를 할 수 없는 선생님이 생긴다. 교양 국어는 50여 분이 넘는 선생님들이 계셨기에 혹은 다른 학교로 가시거나 육아나 병으로 강의할 수 없는 상황도 생겼다. 이렇게 되면 시간표 전체를 수정해야 한다. 겨울 방학은 대개 두 캠퍼스의 교양 국어 시간표 짜는 시간으로 지나갔다.

학과에서 행사가 있거나 학술대회가 있으면 그 또한 정신이 없다. 행사 일정을 예약해야 하고, 안내해야 하고, 홍보도 해야 한다. 학술대회 발표자를 확인하고, 원고를 받아 토론자에게 보내야 하고, 자료집도 만들어야 했다. '조교는 불가능이 없다'는 말이 괜히 생긴 말이 아니라는 것을 체감했다.

## 못을 박으면 틈이 생긴다

"틈이 있어서 못이 들어간다고 생각해? 못을 박으면 틈이 생기는 거야, 여기는 못 박는 곳이야"

- <사랑의 불시착> 중에서

재미있게 보았던 드라마 <사랑의 불시착>에 나오는 대사이다. 보위부에 잡혀 온 리정혁에게 보위부 간부가 자백을 강요하는 장면에서 나오는 대사이다.

대학원은 생각보다 시간이 없다. 정작 자신의 시간을 갖기가 어려웠다. 조교가 되고 딱 한 달이 지났을 때부터 후회가 밀려들었다. '내가 뭐하고 대학원에 왔지', '이건 아닌데'하는 생각이 들 때가 한두 번이 아니었다. 이런 일을 하면서도 논문을 쓰는 선배들을 보면 신기할 따름이었다. 슈퍼맨이 따로 없어 보였다.

틈이 생기면 공부도 하고, 자료도 조사할 수 있는데, 시간이 생기지 않았다.

몇 달이 지나서야 비로소 깨달았다.

'틈은 만들어야 한다'.

틈을 만드는 비결을 '짜투리 시간'을 활용하는 것이다. '집중해서 공부'하는 데 익숙했기에 틈틈이 남는 시간을 활용할 줄 몰랐다.

논문은 준비해야 하는데, 제대로 된 시간이 부족했다. 시간을 줄일 방법, 짜투리 시간을 이용하기로 했다. 선배들의 이런저런 경험을 받았고, 나름 방법도 고민했다.

그때부터 시작한 것이 '원문 입력'이었다. 저녁 이후에는 필요한 논문과 책을 읽었다. 읽으면서, 필요한 부분에 밑줄을 그었다. 그리고 근무시간에는 틈틈이 시간을 내서 밑줄 그은 부분을 입력하였다. 한 번 읽었던 중요한 부분을 있는 그대로 입력했다. 참고문헌이나 인용문의 형식으로 무조건 입력하였다.

원문 입력은 생각보다 효과적이다. 입력한 자료는 논문 작성에 절대적인 도움이 되었다. 우선 틈틈이 비는 시간을 활용할 수 있다. 입력하면서 중요한 부분을 다시 읽게 되고, 의미 파악도 다시 할 수 있었다.

원문 입력은 문장 쓰기에도 도움이 된다. 논문을 쓰면서 겪는 가장 큰 어려움은 단연 글쓰기이다. 특히 서술어에 대한 어려움이 크다. 평소, 아나운서처럼 말하지 않고, 공식적인 글을 쓰지 않기 때문에 논문 글쓰기가 익숙하지 않다. 원문 입력은 논문식 글쓰기를 훈련하는 최고의 교재이다.

이렇게 모은 원문 입력 자료는 그대로 논문 작성의 재료가 되었다. 충실하게 한 달 정도만 열심히 하면, 내 논문에 필요한 선행 연구에 대한 검토 정도는 가능하였다.

조금 하다 보면 논문에 필요한 인용 자료와 참고문헌에 대한 정리 요령이 생긴다. 지금도 논문을 쓸 때는 먼저 선행 연구를 찾아서 원문 입력부터 한다. 선행 연구의 범위는 매우 넓기에 얼마나 해야할지 망설여 진다. 나는 주제와의 관련성이 높은 20편 정도의 논문을 정한다. 정한다. 경험상 20편 정도의 논문이면 주제와 관련한 흐름이나 문제를 파악할 수 있기 때문이다.

원문 입력이 처음부터 쉽지는 않았다. 논문을 읽으면서, 중요한 부분과 중요하지 않은 부분을 찾기도 쉽지 않았다. 논문은 구조적인 형식이 있다. 구조적인 형식이란 논문 주제에 따라서 사용하는 연구 방법과 범위, 전개 순서가 있다는 의미다.

충실하게 원문 입력을 하다보면 이런 흐름을 알게 된다. 나중에 논문을 심사하게 되면 보게 되는 것들이다. 연구 주제에 맞게 목차를 구성하였는지, 주제에 맞는 방법을 선택했는지, 주제에 맞게 연구 범위를 설정했는지, 논리적 전개 구성은 타당한지, 결론에 이르는 과정이 논리적인지 등을 알게 된다.

처음에는 논문을 읽은 다음, 평가를 정리하였다. 논문의 장점, 한계를 나름대로 적었다. 하지만 이렇게 하는 것은 큰 도움이 되지 않았다. 아직은 논문의 적실성을 파악할 역량이 모자랐다. 중요하다고 생각했던 것, 핵심이라고 생각했던 것이 달라지기도 했다. 그러면 그 출처를 다시 찾아야 했다.

원문 입력은 이런 문제가 없었다. 원문 자체가 있기 때문에 언제든지 원문을 다시 볼 수 있었다. 입력할 때와 나중에 읽을 때, 의미가 달라지기도 한다. 해석의 눈이 밝아졌기 때문이다.

원문 입력은 지금까지 계속하는 방법이다. 입력 자료가 넘치면 분야별로 나누어서 정리하기를 거듭하였다. 실수로 자료를 날리기도 했다. 하지만 포기하지 않았다. 입력한 자료는 시간이 흐를수록 큰 자산이 되었다. 이렇게 쌓인 원문자료는 어떤 주제의 글을 쓰던 당황하지 않고, 생각을 정리하는 데 도움을 주었다. 지금도 보물 1호이다.

원문 입력이 논문 작성에 좋을 것 같아 대학원 수업에서는 꼭 권한다. 대학원 수업 때나 지인들에게 자료 파일을 나누어 주기도 한다. 내가 좋다고 다른 사람에게도 좋은 것은 아닌 모양이다. 효율적으로 잘 사용하기도 하지만 대부분은 생각보다 잘 사용하지 않는것 같다. 내 자료는 한 글자 한 글자 입력하면서, 축적한 자료이다. 나에게는 남다른 의미가 있지만 다른 사람은 공짜로 얻는 자료이다. 그렇다보니 자료에 대한 애착이 다른 것이다.

꼭 같이 주어진 시간이지만 효율적으로 관리하느냐에 따라서 시간의 의미는 달라진다. 각자의 상황에 맞추어 시간을 최대한 절약하고 효율을 높일 수 있는 방법을 찾는 것이 중요하다. 틈틈이 꽉 채우는 고민이 필요하다.

대학원에서는 전문적으로 자기 전공 공부만 할 것 같지만 그렇지 않다. 수업 준비 외에도 이런저런 일로 시간도 많이 빼앗긴다. 자칫 시간이 어떻게 흘러갔는지 정신이 없다. 막상 논문 학기가 되면 준비할 것도 많고, 써야 할 것도 많다. 어떻게 써야 하는지 헤매기 십상이다. 여유를 갖는 것은 금물이다. 진작 알았다면 많은 시간을 절약할 수 있었을 텐데 하는 아쉬움이 많지 않도록 방법을 찾으라는 것이다.

물론 하루 종일 공부만 하라는 것이 아니다. 효율성을 높이라는 것이다. 쉬는 시간도 알차게 꼭꼭 채워서 보내라는 것이다. 시간을 관리할 줄 알아야, 재충전의 시간도 효율적으로 사용하는 방법을 알게 되고, 시간을 귀중하게 사용한다.

## 시간 관리에 대한 책은 기본으로 읽어두자

대학원 시간 관리의 핵심은 공부하기 싫은 시간, 자투리 시간을 어떻게 활용하느냐이다. 이 시간을 어떻게 관리하는 가에 대학원 생활의 성패가 달려 있다.

성공적인 시간 관리는 대학원 생활뿐만 아니라 인생에서도 큰 도움이 된다. 시간 관리에 대한 실용서적 하나쯤을 읽고 도움을 받는 것이 좋다. 사람들은 공부하기 좋아하는 사람도 있다고 생각한다. 흔치 않다. 그런 사람이 얼마나 될까? 공부하기 싫은 시간도 철저하게 관리해야 한다.

## 5.

## 시간을 지배하는 사람, 시간에 쫓기는 사람

> 많은 사람들에게 일찍 일어나고 싶은 이유를 물어본 후, 나는 그 근본에는 한 단계 깊은 욕구가 있다는 사실을 깨달았다. 그것은 바로 타성에 이끌리거나, 누군가에게 휘둘리거나, 시간에 쫓기는 것이 아니라 '주도권'을 되찾고 싶다는 욕구다.
>
> - 후루카와 다케시 저 / 권혜미 옮김,
> 『인생을 지배하는 습관의 힘』, 책이있는풍경, 2021, 267쪽.

시간 관리에 관해 공감했던 책으로 『시간을 지배한 사람 시간에 쫓기는 사람』이 있다. 저자인 모무라 마사키는 성공적인 시간 관리의 핵심을 디지털식으로 인식하는 것으로 설명한다. 시간 관리도 다르지 않다. 놀 때와 공부할 때가 분명하게 구분되어야 한다. 마치 'on'과 'off'처럼.

모무라 마사키는 『시간을 지배한 사람 시간에 쫓기는 사람』에서 '시간'과 '시각'의 차이를 키워드로 설명한다.

시간의 단위는 뭉뚱그려진 단위이고, 시각은 분절화 된 개념이다. 시간의 적은 '대충'인데, '시간'과 '시각'을 구분하여 말하면, 받아들이는 사람도 분명하게 받아들인다는 것이다.

사람들에게 2시부터 회의라고 말하면 대부분의 사람들은 정확히 2시가 아니라 2시 무렵으로 인식한다는 것이다. '잠깐만', '곧', '금방' 등의 애매한 용어도 마찬가지다. 이런 말들 대신에 '2분후', '내일 오전 10시', '이번 주 목요일 오후 3시'처럼 구체적인 시각을 사용하라는 것이다.

실제로 이런 일은 사회에서 흔하게 일어난다. 정부 산하 연구소에서 일할 때였다. 보고서를 월요일까지 제출하기로 하였다. 그런데 월요일 아침 열 시가 되자 "왜 제출하지 않느냐"는 연락이 왔다. '오후에 가지고 갈 것'이라고 대답하였더니, 결제받아야 하는데, 오후에는 일정이 있어서 안 된다는 것이었다. 같은 월요일이었지만 구체적인 시간은 달랐다. 과장은 당연하게 국장이 결제할 수 있는 오전 회의 시작 전을 말한 것이었고, 나는 월요일 오후 일과 종료 전까지로 생각했던 것이었다. '월요일 11시까지'라고 약속을 정했다면, 이런 오해는 없었을 것이다.

## 디지털식 사유 훈련

모무라 마사키는 또한 하나 시간의 영역을 나누어 관리할 것을 강조한다. 시간은 하나이지만 목적에 따라 구분하라고 충고한다. 공부를 위한 시간, 자기 계발을 위한 시간, 휴식의 시간, 삶을 위한 시간으로 나누어 두고 관리하라는 것이다. 유용한 방법이다. 시간을 분리하게 되면 일에 대한 집중도를 높일 수 있다. 지금부터 몇 시까지는 일하는 시간 지금부터 몇 시까지는 노는 시간으로 나누면 집중적으로 시간을 사용할 수 있다.

나는 디지털식 사유 훈련의 중요성을 강조한다. 디지털식 사유 훈련이란 일과 일 사이를 디지털식으로 분리하는 훈련이다. 작업을 할 때면 온전히 한 가지 일에만 집중하고 싶어 하지만 그런 환경은 쉽게 주어지지 않는다. 설령 한 가지 일을 한다고 해도, 찾아야 할 자료의 성격이 달라서 한 가지로 정리하기 어렵다.

컴퓨터 폴더에서 파일을 열어 A 작업을 하고, 끝나면 다른 파일을 열어 B 작업을 해야 한다. 디지털 사유 훈련이란 이럴 때 A 작업과 B 작업 사이의 간섭 현상을 최대한 없애는 훈련이다. 한 가지 일을 할 때는 순간적으로 몰두하고 다음 일을 할 때는 앞의 일과 관련된 사유를 단절하고 새로운 일에 몰두하는 훈련이다.

디지털식으로 사유하게 되면, 일의 집중도를 높일 수 있다. 논문을 위해 일을 해야 하는 시간과 행정 업무를 처리해야 하는 사이에 순간적인 집중도를 높이는 훈련이다.

대학원 때는 대학원 생활이 제일 바쁘다고 생각했다. 하지만 위로 갈수록 점점 더 시간을 내기가 어려워졌다. 강의 준비도 해야 하고, 논문도 써야 한다. 연구과제도 진행해야 한다. 학회 일정도 있고, 외부 행사도 있고, 집안일도 있다. 여러 일을 동시에 해야 한다. 일의 성격도 다르고, 중요도와 소요 시간도 다르다.

나이가 들수록 일은 점점 많아진다. 일정이나 해야 할 일도 복잡해진다. 일의 책임이 높아지기 때문에 짧은 시간 안에 중요한 결정을 해야 하는 경우가 많아진다. 순간적으로 하는 일에 집중할 수 있어야 한다. 디지털식 사유 훈련은 순간적인 집중력을 발휘할 수 있도록 하는 훈련이다.

대학원 생활도 다르지 않다. 수업 준비, 발표 준비, 행사 진행 등등의 일이 겹친다. 이럴 때는 '시간'과 '시각'을 구분하듯이 디지털식 사유 방식으로 전환하는 것이다. 디지털식 사유는 자기 일에 집중할 수 있다. 훈련하다 보면 상당한 효과를 볼 수 있다. 놀 때와 공부할 때 어영부영 노는 것도 아니고 공부하는 것도 아닌 시간을 보내지 않게 된다. 오히려 집중해서 놀기 때문에 쉬는 것도 효율적으로 관리할 수 있게 된다.

조교를 할 때였다. 학과 교수님의 오해로 크게 혼이 난 적이 있었다. 혼이 난 다음에 연구실에서 리포트를 쓰고 있을 때였다. 선배가 걱정되어서 찾아왔다.

"괜찮냐. 교수님이 오해하신 것이니까 곧 풀리실 거야"

"아 그거요. 이미 잊어 버렸어요"

빈말이 아니었다. 실제로 잊어 버렸다. 오해한 것을 알고 있었고, 오해는 곧 풀릴 것이라 믿었다. 혼난 것을 잊지 않는다면 나만 마음 상한다. 시간이 지나면 풀리는 문제인데, 굳이 마음에 담아 다음 일에 방해가 되게 하고 싶지 않았다. 아까운 시간 낭비이다.

설사 금방 오해가 풀리지 않더라도 당장에 할 수 있는 일은 없었다. 그렇다고 불편한 감정을 갖고 있을 수는 없었다. 다음 작업에도 지장을 준다. 불편한 마음을 담고 있어야 나에게 득이 될 것이 없었다. 쓸모없는 파일을 휴지통에 버리듯이 불편한 생각을 버린 것이다. 머릿속은 내일 수업 시간에 발표할 과제 준비에 있었다.

## 공부하기 싫을 땐 단순 작업

공부하기 싫다면 단순한 일을 하라. 인간의 두뇌는 시간대에 따라서 활성화되는 정도가 다르다. 대체로 오전에 잘 활성화되고, 오후에는 두뇌활동이 덜 활성화 된다. 오전에는 복잡하고 뇌를 사용하는 일을 하고, 오후에는 단순하고 몸을 사용하는 일을 하라고 한다.

> 대학원 시간 관리의 핵심은 공부하기 싫을 때 시간을 어떻게 보내느냐는 것이다.

공부하고 싶을 때 공부하는 것은 누구도 할 수 있다. 늘 공부하고 싶다면 문제는 간단하겠지만 그렇게 늘 공부하고 싶지 않다는 것이다.

정말 바빠서 공부할 시간이 부족하다 싶다가도 모처럼 시간 여유가 생기면 이 귀중한 시간을 재미없는 책과 씨름하는 것은 청춘에 대한 모욕이라는 이라는 생각이 든다. 공부 좀 하려고 하면 별 생각 없이 지나쳤던 영화도 갑자기 세상에 더 없이 재미있을 것 같고, 스포츠 중계도 지금을 놓치면 평생을 후회할 것 같은 생각이 든다. 친구도 보고 싶고, 정말 모처럼 연극도 한 편 보고 싶어진다. 친구들의 소식도 궁금해진다. 허망해질 것 같은 인생에서 모처럼 얻은 이 귀중한 시간을 어떻게 의미 있게 보낼까 고민하다 이러 저러지도 못하고 보내는 경우도 허다하였다.

오전에는 책을 읽거나 분석하는 작업을 하고, 오후에는 기록하고 정리하라. 상대적으로 시간이 여유가 있다면 자료를 찾거나 조사하고, 공부하기 싫거나 시간이 없을 때는 자료의 원문을 도 닦는 마음으로 입력하라. 최소한 자료 때문에 그 책을 두 번 찾지는 않을 것이다.

연구하고 싶어도 이리저리 빼앗기는 시간이 많았고, 시간이 있다고 해도 조각조각 자투리여서 집중할 수가 없었다. 시간 있을 때는 책을 읽고, 여유가 없을 때는 무조건 원문이나 작품 줄거리를 입력했다. 컴퓨터가 켜져있을 때는 아무 생각 없이 밑줄 그은 부분을 입력하였다. 오후 나른한 시간이나 춥거나 더워서 일하기 싫을 때는 그냥 앉아서 중요하다고 표시한 부분을 입력하면서 자료를 축적하였다. 축적된 자료는 논문에 결정적인 도움이 되었음은 두말할 필요가 없다.

## 절실보다 쎈 동력은 없다

대학원 생활의 최대 적은 여유이다. 시간이 많을 것이라고 여유를 부리는 것은 자살 행위다. 대학원에 입학하였다고 생각해 보자. 논문에 대한 구체적인 생각도 없고, 전공 지식도 많지 않다. 한 학기 정도는 학과 분위기도 익힐 겸 분위기 파악으로 보내도 될 것 같다. 대학원에서는 그런 여유가 없다.

'시작이 반'이라는 말이 있다. 시작이 반이려면 시작하기 전에 세심하게 분석해야 한다. 충분히 준비운동을 하고 자기 코스로 달리는 학생과 뭐가 뭔지도 모르고 시작하는 학생의 결과가 같을 수는 없다. 대학원을 대학의 연장으로 생각한다면 그만 두라고 말하고 싶다.

절실함이 없으면 좋은 결과를 얻을 수 없다. 절실해야 한다. 어떤 이유로 대학원에 진학하였는지 사정은 다르겠지만 일단 입학하였다면 프로로서 자세와 태도를 가져야 한다.

'스타오디션'이라는 방송 프로그램이 있었다. 연기자가 되고 싶은 일반인들을 선발해서 연기 지도를 하는 경연 프로그램이었다. 심사위원은 현역 배우들이었다. 심사위원들이 가장 중점을 둔 것은 절실함이었다. 지원자들이 정말 연기자가 되고 싶은지를 확인하고 또 확인하였다.

지원자 중에는 물을 두려워해서 수중연기를 못하는 지원자도 있었고, 번지점프도 해야 했다. 연기와 번지점프가 무슨 상관일까. 번지점프를 잘하는 것이 연기에 얼마나 도움이 될까 싶었다. 떨어지는 연기를 보고자 한 것은 아니었다. 연기자가 되면 어떤 역할을 하게 될지 알 수 없다. 어떤 역할이든 주어진 역할을 반드시 해내고 말겠다는 절박함을 보고자 하였다.

공부도 절실함이 있어야 한다. 모든 일에는 고비가 있듯이 논문에도 고비가 있다. 고비를 넘고 논문을 완성하는 동력은 절실함이다. 대학원 석사 과정에서 마지막 학기까지 논문을 쓰지 못했던 학생이 찾아왔다. 정말 졸업하고 싶은 생각이 간절했던 모양이다. 스토커처럼 따라다니면서 이런저런 것을 물었다. 심지어 지하철도 함께 타면서, 물어보았다. 절실하게 물어보고 절실하게 답을 구하는 데, 도움을 마다할 선생은 없다.

대학원은 선택 과정이다. 하기 싫으면 안 하면 그만이다. 다른 재주가 있다면 잘 하는 것을 하면 된다. 대학원에 진학했다고 해서 모두 졸업하지 않는다. 안 하고 돌아서면 그만이다. 관심도 없고, 하기도 싫고, 전망도 없어 보인다면 그만두는 것이 맞다. 본인을 위해서도 그렇다. 대학원에 들어올 정도면 글쓰기의 기본은 갖추고 있다. 결과를 내고 못 내고는 절실함이다.

## 대학원이야말로 선행학습이 필요하다

대학원 생활을 잘하기 위해서 해야 할 가장 좋은 일은 대학원 입학에 앞서 준비하는 것이다. 대학원에서 무엇을 배우고, 어떤 과정을 해야 할지는 대학원 요람을 보면 다 나와 있다. 관심 분야는 관련 논문을 찾아보면 알 수 있다.

누가 먼저 알려주기 전에 내가 먼저 준비해야 한다. 우선 관심 분야가 무엇인지, 어떤 분야를 공부할 것인지를 곰곰이 돌아보아야 한다. 큰 방향을 정하는 것이 중요하다. 경솔하게 정하지 않되, 늦추지도 말아야 한다.

## 대학원 생활하면서 관심 분야를 먼저 정하고 나서 필요한 정보를 찾아가라.

논문 준비는 빨리하는 것이 좋다.

논문 학기가 다 되어서 논문을 준비하는 학생이 있다. 9시에 회의하는데, 9시부터 회의 자료를 준비하는 사람과 같다. 회의에 필요한 모든 준비는 회의 시작 전에 끝나야 한다. 논문을 쓰려면 논문에 필요한 준비가 다 되어야 한다. 논문 학기는 준비된 자료를 바탕으로 완성된 초고를 수정하고 고치는 시간이다.

석사 과정이라면 2학기가 끝날 무렵이면 논문에 필요한 자료는 다 모아져야 한다. 3학기에는 초고가 작성되어야 하고, 4학기에는 초고를 수정해야 한다.

시간이 남는 것도 아닌데, 어떻게 이렇게 할 수 있을까? 먼저 관심 분야의 자료를 모아라. 관심 분야가 정해지면 선행 연구를 검토하라. 선행 연구 리스트를 찬찬히 훑어보는 것이 공부의 출발이자 준비운동이다. 자기 분야의 최근 박사학위 논문 참고문헌을 보아도 어떤 논문이 좋은 논문인지, 누구의 책을 보아야 하는지는 판단할 수 있다.

수업의 과제도 자기 주제를 중심으로 준비하라. 대학원 수업은 리포트로 평가한다. 리포트는 학기 시작 전부터 자기 주제에 맞게 준비하라. 최대한 자신의 관심 범위 안에서 수강과목과의 연관되는 주제를 찾아라.

귀찮지만 개강 전에 먼저 자료를 모아두어라. 자료를 모은 다음 강의가 시작되면 자기 주제에 맞는 리포트를 시작하는 것이 좋다. 전공이 다르다고 해도 연관된 주제를 찾을 수 있다.

가령 현대시에 관심이 많은데, 고전문학 강의를 들어야 한다면, '고전문학을 콘텐츠로 한 현대시', '춘향전을 소재로 한 현대시' 같은 연관성 있는 주제를 찾으면 된다.

이렇게 학기가 시작되면 방학동안 모은 자료와 쓴 글을 바탕으로 다듬어서 정리한 다음 과제로 제출하는 것이었다. 이렇게 되면 수업 시간을 온전하게 내 것으로 만들 수 있다. 논문 작업에도 결정적인 도움이 된다. 방학이라는 시간을 효율적으로 활용할 수도 있고, 논문에도 도움이 된다. 일석이조이다. 교수님들의 도움과 평가도 적절하게 받을 수 있다.

# 제2부

# 논문이란

# 1. 논문은 공공재이다

논문을 작성한다는 것은 자신의 개념을 체계화하고 자료를 정리하는 방법을 배운다는 것을 의미한다. 그것은 방법론적 작업의 경험이며, 원칙적으로 다른 사람에게도 도움이 되는 <대상물>을 구축한다는 것을 의미한다. 그러므로 테마보다는 그 논문에 수반되는 작업의 경험이 더 중요하다.

- 움베르토 에코, 김운찬 옮김,

『움베르토 에코의 논문 잘쓰는 방법』, 열린책들, 2001.

## 학문의 길은 수많은 글쓰기의 연속

학문의 길은 수많은 글쓰기의 연속이다. 대학원에서 쓰는 글은 지금까지 써왔던 글쓰기와는 다르다. 지금까지 써왔던 글은 개인적인 감상문이나 리포트 정도가 전부일 것이다. 혹은 소설을 써보거나 시를 썼다고 해도 이런 유형의 글과 논문은 바탕이 다르다.

논문은 사적 글쓰기가 아니고, 공적 글쓰기이다. 이 점이 지금까지 글쓰기와 구분되는 근본적인 차이점이다. 간단히 말하자면 지금까지 써왔던 글쓰기가 나를 위한 글쓰기라면 논문은 철저하게 다른 사람을 위한 글쓰기이다. 논문은 논리를 중심으로 한 건조한 글이다. 논문은 자기 생각을 뒤로 품고, 자료나 논거를 중심으로 자기 생각을 설득하는 과정이다.

대학에서 썼던 글쓰기는 자기 생각을 드러내는 것이 중심이다. 반면 논문은 다른 사람을 설득하는 것이 중심이다. 이런 점에서 논문은 문장의 미나 감각적 글쓰기와는 근본적으로 차원이 다르다. 이 차이를 알고 자신을 객관화시키는 것이 논문을 쓰는 출발이요, 종착역이다.

누가 내가 쓴 시를 인용하거나 내가 쓴 글을 사용할 때는 그에 상응하는 대가가 있어야 하지만 논문은 출처만 밝혀주면 된다. 사회적으로 내 논문이 백 번이고, 천 번이고 인용하였다고 해서 나에게 대가가 주어지는 것은 아니다. 논문은 사회의 공적인 글이기 때문이다.

공적인 글이기에 논문에는 책임이 따른다. 정확하지 않으면 공적인 피해를 주기 때문이다. 데이터를 확인하지 않거나 논리에 맞지 않은 논문을 쓰면 그 영향이 나에게서 끝나지 않는다. 이 논문을 인용하는 다른 사람에게까지 영향을 미친다. 학계에는 종종 잘못된 예를 반복해서 인용하기도 한다.

논문이 엄정한 논리와 객관적 데이터를 중시하는 것은 논문 그 자체가 사회의 공적 재산물이기 때문이다. 논문은 사회 인프라이다. 그래서 견고하고 튼튼해야 한다.

논문을 상담하던 중 이런 대화를 나눈 적이 있었다.

"제가 생각할 때는 정말 아름다운 문장이 있어요. 그래서 그 문장을 꼭 쓰고 싶은 데, 다른 사람들이 빼라고 해요, 어떻게 할까요?"

"빼요!"

많은 고민 끝에 던진 학생의 질문이었지만 대답은 간단하였다. 왜 일언지하에 '빼라고 했을까?' 논문은 나를 향한 글이 아니기 때문이다.

"빼요?"

"정말 빼기가 아깝다면 그 문장이 들어가도 어색하지 않은 글을 쓰세요"

글을 쓰다보면 언제나 자신이 정말 아끼는 부분이 생긴다. 힘들게 작업하였거나 고민하다가 겨우 완성한 글에 대해 다른 사람들이 빼라고 말한다. 아깝기 그지없다.

'이 몇 줄을 쓰느라고 내가 얼마나 고생했는데…'

그래도 버려야 한다. 글은 내 것이 아니기 때문이다. 논문으로 발표가 되면 내 이름이 붙어 있지만 공적인 글이다. 연예인이 되면 공인이 되듯이 내 글도 공적인 글이 된다. 꼭 써야 되겠다면 그 글에 어울리는 내용을 보완하거나 그 글에 맞는 새로운 글을 써라.

글을 인정할 것인지 아닌지는 평가자들의 몫이다. 평가자들을 설득하지 못했다면 글로 가치가 없는 것이다.

## 공적 글쓰기

글은 어떤 글이냐에 따라서 성격이 전혀 다르다. 분명한 목적을 갖고 쓰는 논문이나 연구보고서는 문학적 글쓰기와는 다른 스타일을 요구한다.

논문은 문장으로 의미를 만드는 작업이다. 글로 내 생각을 드러내는 일은 간단치 않다. 논문의 글쓰기는 정확을 넘어 적확(的確)해야 한다. 정확하면서도 적실해야 한다.

국문학을 전공한 경험과 북한을 연구하는 것 사이에는 휴전선만큼이나 넘기 어려운 글쓰기의 경계가 있었다. 인문학과 사회과학의 글쓰기 경계였다. 인문학을 전공하면서 몸에 밴 이런저런 말을 붙이는 습관을 고치기가 쉽지 않았다.

인문학 전공자로서 많은 논문과 보고서를 쓰면서, 자연스럽게 사회과학적인 글쓰기를 병행하게 되었다. 타고난 기질도 다분히 문과적이고, 배운 것도 인문학이었는데, 논문과 프로젝트의 글쓰기는 사회과학적 글쓰기가 더 필요했다. 덕분에 인문학적 글쓰기와 사회과학적 글쓰기의 차이를 몸으로 느끼게 되었다.

논문은 주제에 맞춘 논리적인 배열이 중요하다. 감정어가 들어가서는 안 된다. '매우 중요하다', '할 수 있다'는 표현은 금기어다. 명확하게 주장을 전개해야 한다.

대중서는 다르다. 대중과의 소통을 염두에 두고, 주제와 난이도를 맞추어야 한다. 때로는 대중들에게 직접 강연하는 듯이 쓸 때도 있다. 마치 눈앞에서 강의하는 것처럼 말이다. 이럴 때는 너무 전문적인 용어나 현실에서 동떨어진 예를 들면 대중들은 외면한다.

논문은 운동으로 치면 기본기에 충실한 육상이나 수영 같은 기초종목이다. 달리고, 헤엄치는 일이 기본이다. 축구나 야구 혹은 근대5종 경기처럼 여러 기능이 복합된 운동과는 다르다. 운동선수들이 달리기를 기본으로 하면서도 수영 선수에게 요구하는 근육과 야구 선수에게 요구하는 근육은 다르다.

글쓰기도 글을 쓰는 기본적인 원칙과 지식처럼 기본 체력은 같다고 해도 글 쓰는 과정과 지향은 전혀 다르다. 인문학적 글쓰기가 창의성과 디테일이 중요하다면, 사회과학적 글쓰기는 명확하고, 분명해야 한다.

글쓰기에서 많은 지적을 받았다. 처음 쓴 석사논문은 10%도 건지지 못하였고, 북한 관련 글에서는 '분석력이 모자란다'는 지적이 늘 붙었다. 피보다 진한 학문적 장벽, 학문적 글쓰기 차이가 있다는 것을 알았다. 그렇게 하지 않으려고 해도 몸에 밴 습관이 나도 모르게 습관처럼 글에 찾아들었다.

논문이 어려운 이유는 내 마음대로 쓰는 글이 아니기 때문이다. 사적 글쓰기에 대해 뭐라고 하는 사람은 없다. '내 마음은 호수요'라는 시(詩)가 있다. 내 마음을 비유한 아름다운 시의 한 구절이다. '내 마음은 상자요', '내 마음은 지갑이요'라는 표현보다는 한층 더 깊은 의미와 상징을 담은 시이다. 시에서 내 마음을 호수라고 표현 하는 것은 당연히 자유이다.

하지만 논문은 다르다. 논문은 내 글이 아니다. 분명 내가 쓰고 내 이름으로 발표한 논문인데, '내 글이 아니라니!'. '이건 무슨 헛소리'인가 의아해할 것이다. 하지만 논문은 분명 내 글이 아니다. 논문은 공공재이다. 사회적으로 통용되는 글이다.

## 2.

# 공공재로서의 신뢰

> 의사소통에서도 화자가 한 말에 대해 청자는 화자의 의도를 그대로 해석할 수도 있지만, 때에 따라서는 그 맥락에서 자기 스스로 새로운 해석을 할 가능성이 있는데 그렇다고 해서 화자는 그러한 청자의 태도를 틀렸다든지, 무식하다든지, 또는 무책임하다고 나무라기만 해서는 진정한 의사소통이라고 할 수 없다.
>
> \- 이성범, 『소통의 화용론 : 커뮤니케이션에 대한 화용적 접근』, 한국문화사, 2016, 36~37쪽.

논문이 공공재라는 것은 두 가지를 의미한다.

하나는 누구든 이용할 수 있다는 것이다.

다른 사람의 시를 사용하려면 대가를 지불해야 한다. 하지만 논문은 다름의 글이라는 것을 밝히기만 하면 된다. 다른 사람의 지식이나 글을 가져올 때는 출처를 분명히 해야 한다. 논문에서 표절이 문제가 되는 것은 출처를 밝히지 않기 때문이다. 하지만 출처만 정확히 밝히면 누구나 대가 없이 이용할 수 있다. 논문은 사회적 공공재이기 때문이다. 창작물을 이용할 때는 그에 상응하는 대가를 지불해야 한다. 하지만 논문은 다르지 않다. 논문을 쓰면서 선행 연구를 인용했다고 해서 대가를 지불하지 않는다.

둘째, 공공재로서 신뢰가 있어야 한다.

논문은 다른 학문 연구에 활용하는 공공재이다. 내가 쓴 논문을 다른 사람들이 얼마나 인용하는지를 평가하는 인용지수도 있다. 많은 사람들이 많이 인용하면 좋다. 그렇게 공공재이기 때문에 논문은 믿을 수 있어야 한다. 논문에서 한번 잘못된 결과나 표현을 다른 곳에서 인용하는 경우는 어렵지 않게 발견한다.

전문가의 글은 단순히 정보 차원을 넘어, 사회적으로 미치는 영향력이 크다. 때로는 국정 운영의 중요한 기준이 되기도 한다. 글이 엄중하고, 책임이 따른다.

북한 연구에서는 글에 대한 신뢰 문제가 심심치 않게 생긴다. 정보도 부족하고, 확인할 수도 없다 보니 가짜 뉴스도 많고, 확인되지 않는 사실이 떠돌기도 한다. 북한에 대해서는 알려진 것이 많지 않고, 전문적으로 연구하는 숫자도 절대적으로 부족하기 때문이다.

북한에서는 아이스크림을 '얼음보숭이'라고 한다고 알고 있거나 '전구를 불알이라고 한다'고 믿는 사람도 많다.

북한에서도 '아이스크림'은 '아이스크림'이라고 한다. 딱딱한 막대 아이스크림은 '에스키모'라고 많이 한다. '얼음보숭이'는 요리책에서 '빙수'를 지칭한다. 전구는 그냥 전구이다. 전구가 불을 밝히기 때문에 '불'과 생긴 모양이 알처럼 둥글어서 '불알'이라고 한다는 우스갯소리가 정말인 것처럼 확산된 사례도 있다.

하긴 공산당이 해체되고, 노동당으로 바뀐 지가 80년 가까운데도, 북한에는 공산당이 없다고 하면, 거짓말이라고 생각한다. 북한에 있는 당은 '조선로동당(이하 노동당)'이다. '노동당'은 조선공산당과 신민당이 통합한 당이다. 공산당은 노동자와 농민이 중심인데, 노동당은 노동자, 농민, 지식인을 통합한 당이라고 주장한다. 공산당이 있는 국가는 중국, 러시아, 베트남 등의 사회주의 국가와 일본, 영국, 프랑스 등의 국가에 있다.

대학원은 이런 전문가를 양성하는 곳이다. 논문에 대한 심사가 엄정하고, 분석이 정밀해야 하는 이유 여기에 있다. 학자의 글은 누구나 믿고 쓸 수 있는 공공재이기 때문이다. 여러 사람이 인용하고 정책에 활용해야 할 글이 신뢰가 없다면 공공재로서 효용은 떨어질 뿐만 아니라 사회적으로 큰 손해를 입히게 된다. 학자의 글은 사회 발전을 위해 쓰여야 한다. 대학원은 사회적 공공재로서 자격을 갖춘 글쓰기를 배우는 과정이다.

논문은 내가 쓰는 것이고, 자기 글이라는 생각, 자기 생각을 표현하는 것이 아니다. 논문은 공공재이고, 전문가의 글이 사회에 미치는 영향이 크다는 것을 명심해야 한다.

공허한 것에서 출발하여 어떤 논의를 최초로 제기한다는 것은 매우 어렵다. 특히 존재나 자유의 개념과 같이 모호한 문제에 대해서는 어떤 기준점을 찾아내야 한다.

- 움베르토 에코, 김운찬 옮김,

『움베르토 에코의 논문 잘쓰는 방법』, 열린책들, 2001.

## 기본이라는 무게

'남들만큼만 하면 된다', '기본 만 하면 된다'고 말했다고 믿지 말라. '남들이 하는 정도'는 해야 하고, '기본은 되어야 한다'는 뜻이다. 지도교수가 말한 '남들만큼', '기본만'이라고 하는 기준을 충족해야 한다.

논문을 쓰게 되면 지도교수, 심사위원이 누구인지 밝힌다. 심사위원들은 논문의 첫장에 자신의 이름을 쓰고 서명한다. 서명은 그 논문에 대한 학문적 연대 책임을 진다는 의미이다. 제품에 책임지거나 건설 공사의 책임을 지듯이 논문 심사위원란에 이름을 적고 서명한다. 부실한 논문에 서명할 학자는 많지 않다.

논문 기록은 영원히 남는다. '개인적 친분이나 사회적 관계로 적당히 할 수 있을 것'이라고 생각한다면 다른 길을 찾아가는 것이 현명하다. 논문으로서 갖추어야 할 자격, 최소한의 요건을 갖추는 것은 어디까지나 연구자 스스로 해야 할 일이다.

필요한 것이 있다면 먼저 지도교수를 찾아가서 도움을 청하라. 그리고 분명하게 무엇이 문제인지, 어떤 도움이 필요한지를 물어보아라. 지도(指導)교수의 다른 의미는 지도(地圖)이다. 지도에는 생각보다 많은 정보가 들어있다. 길을 가는 사람에게 필요한 다양한 정보들이 들어있다.

이런 지도를 활용하는 지혜가 필요하다. 무엇보다 목적지가 분명해야 한다. 분명하지 않은 목적지를 갖고 지도를 보는 것은 이해하지 못하는 그림을 보는 것과 다를바 없다. 내가 어떤 논문을 쓸지 분명해야 한다. 무엇을 하는지, 어떻게 할 것인지가 분명할 때 지도는 유용하다. 내가 지금 어디로 가는지, 왜 가는지도 모르고 있다면 지도는 종이에 불과할 뿐이다.

## 3.

# 논문은 언어로 구축한 '개념의 집'

의사를 불러 치료를 하는데, 의사가 인체의 근육과 뼈, 피부와 살, 오장육부의 구조를 아는 것이 학이요, 총에 맞은 다리를 치료할 때는 이렇게 근육과 뼈의 구조를 잘 알고 있기 때문에 총탄을 어떻게 빼낼까를 궁리하여 치료를 하는데, 이것이 곧 술이다.

- 야마모토 다카미쓰 저/지비원 번역,

『그 많은 개념어는 누가 만들었을까』, 메멘토, 2023.

논문은 언어로 '개념'을 구축하는 과정이다. 논문이 어려운 이유는 딱 하나! 검증된 언어를 사용하기 때문이다. 논문의 언어는 일반 언어가 아니다. 법률 용어처럼 검증된 언어여야 한다. '개념어'이다. 개념어는 일반적인 의미를 넘어 새로운 의미로 구축된 언어이다. 일반적으로 사용하는 언어에 특별한 의미가 부여된다. 논문에서는 특별한 개념을 가진 개념어를 활용한다.

> '콜라보레이션'은 한국에서도 문화예술인들의 공동 작업을 가리키는 말로 자주 쓰이면서 대중에게 익숙한 용어이다. 그러나 프랑스에서는 독일에 항복한 비시 정부의 페탱 원수가 프랑스와 독일 간의 '협력'이란 뜻으로 사용한 이래, 독일 점령기의 부역 행위를 일컫는 치욕적인 의미로 고착되었다.
>
> -『(2018 프랑스 내셔널 아카이브 초청전)콜라보라시옹: 프랑스와 나치부역자들 1940~1945』, 2018.

콜라보레이션은 일반적으로 통용되는 용어이다. 그런데 일상적이지 않는 특별한 의미가 부여되면 일종의 개념어가 된다. 먼저 어떤 의미인지 확인해야 한다.

논문 주제를 정할 때 고려해야 할 것은 개념이다. 개념이 분명해야 한다. '김소월 시 연구', '김소월 문학 연구', '김소월 문학세계 연구', '김소월 연구'는 비슷한 것 같지만 각각 다른 범주와 개념이다.

'김소월 시 연구'는 '김소월이 지은 시'가 연구 대상이다. '김소월 문학 연구'는 김소월의 문학 작품을 연구하는 것이기 때문에, 김소월이 지은 시, 소설, 수필 등 문학 작품 전체가 대상이 된다. '김소월 문학세계 연구'라고 한다면 문학 작품과 함께 문학 작품에 영향을 미친 행적이나 활동 등의 기록이 모두 포함된다. '김소월 연구'라고 하면 성장 과정을 포함하여 창작 세계, 정신세계, 사상 등의 인간적인 측면의 분석이 이루어져야 한다.

'한미동맹 연구'를 주제로 한다고 하면 연구 내용은 한미동맹이 되어야 한다. '동맹'이라는 개념은 '한미 관계'라는 개념과는 다른 개념이다. '동맹'이라는 용어가 어떤 의미를 갖는지, '동맹'과 '혈맹'은 어떤 의미 차이가 있는지, '한미동맹'이라는 용어가 언제부터 쓰이기 시작하였는지, 한미 관계에 쓰이는 용어로서 적절한지를 분명히 해야 한다. 동맹이라는 의미가 단순히 국가 간의 외교적 관계를 의미하는 것이 아니기 때문이다.

주제는 개념이나 시기가 구체적일수록 분명하다. 가령 '북핵 문제 해결을 위한 한미 간의 전략적 동맹 연구'라고 하면 '한미동맹 연구'보다는 연구 대상이 분명해졌다. 다만 차이는 있다. '북핵 문제 해결을 위한 한미 간의 전략적 동맹 연구'는 우선 주제가 '북핵 문제'이기 때문에 '북핵'에 대한 상황이 먼저 나오고, 전략적 차원의 한미동맹 분석의 순서로 전개될 것이다. '한미동맹연구 : 북핵 문제를 중심으로'라고 한다면 한미동맹의 의미와 개념에 대한 분석이 먼저 나오고, 분석으로서 북핵 문제가 나오는 것이 순차적인 구성이 된다.

## 일반화

논문이 생각보다 쉽지 않은 이유는 일반적인 결론에 이르러야 하기 때문이다. 특별한 문제는 특별하게 분석하면 된다. 하지만 논문은 보편적인 결론이어야 한다. 분석하고 검증하여, 주제에 대한 보편적 질서를 부여하는 것이다.

논문에서 어려운 것은 오히려 일상화된 것들이다. '발전', '태도', '협력' 등의 용어가 있는 논문을 볼 수 있다. 일상적으로는 흔히 사용하는 용어이다. 그러나 논문에서는 '발전', '태도', '협력'에 대한 개념을 규정해야 한다. 개념 규정이 쉽지 않다.

가령 '고등교육 발전'이라는 표현이 있다고 하자. '발전'이 무엇을 의미하는지를 분명하게 해야 한다. 고등교육 기관이 많아진 것인지, 고등교육을 받은 사람들이 많아진 것인지, 입학 기회가 많이 주어지는 것인지, 좋은 논문을 많이 발표한 것인지, 시스템이 잘 갖추어지는 것인지, 교육 환경이 좋아진 것인지 등이 필요하다. '발전'이라고 할 때는 분명한 기준과 항목이 필요하다. 이 분명한 기준과 항목이 객관적으로 인정되어야 한다.

논문이 자격인 이유는 논문을 잘 썼기 때문이 아니라 재료를 다루는 방법을 이해했기 때문이다.

대학원 과정을 마치면 석사학위나 박사학위를 받는다. 학위를 받는다는 것은 전문 연구자로서 자격증을 얻었다는 것을 의미한다. 학술적인 글을 쓸 수 있는 자격을 얻었다는 것이다. 프로선수와 같이 전공 분야에서 최소한의 글쓰기 실력을 갖추었다는 것을 학위로 확인받은 것이다.

연구자가 되면 다양한 글을 쓰게 된다. 논문은 당연히 써야 하는 것이고, 논문 이외에도 이런저런 글을 쓰게 된다. 일반인을 위한 대중서도 써야 하고, 연구보고서도 있고, 신문이나 언론에 기고하는 칼럼도 있고, 서평도 써야 할 때가 있고, 연구계획서도 써야 하고, 논문 심사서도 써야 한다. 비슷비슷할 것 같지만 글을 쓰는 환경은 전혀 다르다. 대상에 따라서, 잡지의 성격에 따라서 전혀 다른 글쓰기가 된다.

'위대한 탄생'이라는 프로그램이 있었다. 가수가 되고자 하는 사람들이 참여하여, 자신의 실력을 평가받는 프로그램이었다. 심사위원들이 평가하는 기준의 하나는 '자기 목소리'이다. '자기 목소리'라니. 자기 목소리가 없이 노래하는 사람이 있을까 싶었다.

프로 뺨치는 실력을 갖춘 아마추어들이라도 자기 목소리로 노래하지 않으면 좋은 점수를 받을 수 없었다. 연기가 모방이 아니고 노래가 모창이 아니듯이 자기 목소리를 낼 줄 아는 사람을 찾는다. 참가한 사람들은 다양한 장르의 노래를 불러보고, 듀엣도 해 본다. 발라드도 불러보고 댄스도 불러본다. 그렇게 자기 목소리를 찾아간다. 왜 그럴까. 가수의 목소리는 그릇이기 때문이다. 맑은 노래, 구슬픈 노래든 자기의 색으로 노래를 해석할 수 있어야 하기 때문이다. 가수라면 어떤 장르의 노래라도 자신의 목소리로 부를 줄 알아야 한다. 그래야 '나는 가수다' 라고 말할 수 있다.

대학원의 글쓰기도 다르지 않다. 대학원은 이런 능력을 갖추어 가는 과정이다. 자신의 목소리로 자신의 주장을 배우는 과정이다. 리포트를 잘 쓰는 것은 열심히 조사하고, 정리를 잘하면 된다. 하지만 논문을 쓰는 것은 자신의 주장을 드러내야 한다.

노래를 잘한다고 가수가 되는 것은 아니다. 세상에는 노래 잘하는 사람이 정말 많다. 가수가 되려면, 물론 노래를 잘 해야 한다. 노래만 잘 한다고 가수로 성공하는 것은 아니다. 자신의 음색이 있어야 한다. 고유한 음색으로 자신의 노래를 불러야 하는 것이다. 노래를 잘하는 것이 리포트 잘 쓰는 아마추어와 같다고 한다면, 논문을 쓰는 것은 가수로서 자기 목소리로 노래를 해석하고 부른다는 것이다.

논문은 자격이라고 말한다. 자격이란 재료를 얼마나 적절하게 다루는지를 심사하는 것이다. 어쩌다 잘 쓴 한 편의 논문을 심사하는 것이 아니다. 전공 분야에서 주제를 잘 설정하였는지, 주제에 맞게 텍스트를 적절한 방법을 활용하였는지, 주제를 분석할 수 있는 지적인 능력은 있는지를 테스트한다. 그래서 다른 주제로 글을 써도 다른 가수가 아니라 자신의 목소리로 소화할 수 있는지를 평가한다.

학부생들도 좋은 주제로 잘 쓸 수 있다. 그렇다고 학문적 능력이 뛰어나다고 할 수 없다. 어쩌다 잘 쓰는 논문이 아니라, 어떤 상황에서도 일정 수준 이상의 연구를 진행할 수 있는 능력을 검증하는 것이다.

프로의 세계는 냉엄하다. 운동선수가 며칠 쉰다면 뱃살이 늘고 감각은 떨어진다. 선수로서 생명은 끝난 것이나 다름없다. 프로는 스스로 끊임없이 관리해야 한다. 눈에 보이는 것은 경기할 때뿐이다. 하지만 경기가 없을 때 어떻게 보내는지는 경기력으로 나타난다.

끊임없이 자료를 찾고, 문제의식을 가다듬어야 한다. 자기 분야에서 제기된 문제에 대해 책임 있는 답변할 줄 알아야 한다. 전문가는 공인이다. 전문가로 자기 분야에 대한 문제의식을 게을리하지 않고, 연구하는 것은 공인으로서 사회적 책임을 다하는 것이다.

# 4.

# 논문 10계명

## 하늘 아래 새로운 주제는 없다

논문을 쓰게 되면 빠지지 않는 유혹이 '새로운 주제'이다. 논문이 창의적이어야 한다는 말을 '창의적인 주제'로만 이해하기도 한다. '창의적'이라는 의미에는 물론 '새로운 주제'가 포함된다. 처음 공부를 하면 가능하면 남들이 안 한 연구를 해서 주목받고 싶어진다.

연구에 앞서 먼저 생각해야 할 점은 연구가 진행되지 않은 이유를 한번 생각해 보는 것이다. 왜 안 했을까? 아무도 안 한 연구는 나름의 이유가 있다. 주제는 탐이 나지만 논증하기 어려운 경우이다. 검증할 수 없으면 그건 주장일 뿐이다. 논문은 법정 논쟁과 같다. 각종 증거를 통해 논증되어야 한다.

## 선행 연구를 충실하게 조사하라

논문은 아는 것을 써야 한다. 문제는 내가 아는 것과 모르는 것을 분명히 알지 못한다는 것이다. 논문에서 말하는 아는 것이란 '알고 있는 지적 정보'가 아니라 '논리적으로 타당한 이유를 설명할 수 있는 것'이다.

그래서 논문을 쓰려면 먼저 아는 것과 모르는 것이 분명해야 한다. 알고 모름을 알면 모르는 것을 공부하게 된다. 공부는 아는 것을 넓히는 것이 아니라, 모르는 것을 분명하게 아는 것이다. 논문은 정직해야 한다. 논문은 아는 것으로 쓴다. 아는 것과 모르는 것의 경계가 없으면 내 글이 안 된다.

"知之爲知之, 不知爲不知, 是知也. 아는 것을 안다고 하고, 모르는 것을 모른다고 하는 것, 이것이 아는 것이다." 공자의 가르침이다. 공부는 시야를 넓히는 과정이다. 시야가 넓어지면 무엇을 모르는지 정확하게 알게 된다. 아는 것과 모르는 것을 분명히 아는 유일한 길은 선행 연구를 충실하게 살피는 것이다.

선행 연구는 내 논문의 길잡이이다. 먼저 새로운 주제인지 아닌지를 확인해야 한다. 연구가 안 된 이유를 아는 방법은 선행 연구를 확인하는 것이다. 선행 연구는 논문의 출발이자 보배이다. 어떤 길로 가야 하는지, 어떤 주제로 연구했는지, 어떤 문제가 있는지, 어떻게 접근하는 지, 어떤 논문으로 공부해야 하는 지를 보여준다.

주제가 고민된다면 먼저 선행 연구를 잘 정리하고, 선행 연구에서 부족한 부분, 연구가 더 필요한 부분을 찾아서, 보탠다고 생각하라.

## 나만의 데이터 뱅크

대학원은 결국 자료 싸움이다. 논문을 위해서는 필요한 자료가 있어야 한다. 논문에서 자료는 재료이다. 재료가 풍성해야 한다. 논문을 준비하는 과정도 다양한 자료를 통해 생각의 방향을 결정하는 과정이다.

논문 주제에 맞추어 선행 연구를 인용하고, 참고할 수 있는 데이터 뱅크를 만들어라. 논문 주제가 아직 결정되지 않았다면 학과에서 필수적으로 보아야 할 도서나 논문, 학과에서 가장 최근에 나온 학위논문부터 정리하는 것이 필요하다. 그렇게 대분류, 중분류, 소분류를 통해 주제를 구체화하는 것이 필요하다. 이렇게 하면 설령 주제가 바뀌어도 기본 자료에 대한 준비가 있어서 충분히 대처할 수 있다.

## 논문의 주제는 하나이다

논문의 주제는 하나이다. 이게 참 어려운 일이다. 주제가 한 가지라는 것은 논문의 글이 하나의 주제로 모아져야 한다는 의미이다. 논문의 주제는 하나로 모아져야 한다. 논문 주제가 자신없다면 관심 분야부터 생각하고 탕약 졸이듯이 좁혀가라. 처음부터 산뜻한 논문 주제를 생각하지 말라. 큰 방향을 정하고, 선행 연구를 조사하면서 논문 주제를 구체화하여 나가라. 하나의 주제를 깊이 있게 문제 의식을 갖고 접근해야 한다. 옆으로 늘이지 말고, 깊이를 깊게 하라.

## 논문 주제는 합의된 것이어야 한다

논문 주제는 합의된 것이어야 한다. 논문을 아주 적은 가능성에서 출발하는 경우가 있다. 욕심이다. 이렇게 해석할 수도 있지 않느냐는 의문은 좋다. 하지만 그것이 논문의 주제가 되어서는 안 된다. 논문은 논리가 전제되어야 한다. 가능성을 바탕으로 출발하는 것은 논리적으로 비약하기 쉽다. 아주 적은 가능성에서 출발하여 논문을 완성하였다고 해서 주목받지는 않는다. 오히려 수렁에 빠지기 쉽다. 논문에 실패했던 사람에게 왜 잘 되었는지를 물어보라.

## 내 논문의 롤(role) 모델을 찾아라

모든 논문은 선행 연구로부터 출발한다. 선행 연구에서 롤모델을 찾아라. 자기와 분야가 같아도 좋고, 분야가 달라도 좋다. 적절한 모델을 찾아서 어떻게 논리를 전개하고, 어떤 방법을 적용하는 지를 살펴보아라. 손으로 그 논문 전체를 한 번 써보는 것은 정말 좋은 방법이다. 용어에 대한 고민으로부터 문장까지 정말 좋은 공부가 될 것이다.

## 논문과 관련된 모든 것은 기록하라

논문과 관련한 모든 것은 기록해야 한다. 주제를 놓고 어떻게 고민했고, 무엇이 문제인지, 어떤 자료를 볼 것인지, 어떤 것을 보았는지, 논문지도는 어떻게 했는지 등등. 명심하라 입 밖을 떠난 말은 주워 담을 수 없다. 오직 메모와 기록만이 살길이다.

## 처음부터 논문 형식을 습관화 하라

논문의 절반 이상은 형식이다. 내용이 아무리 좋아도 형식이 갖추어지지 않으면 논문으로서 자격이 없다. 반면 형식을 잘 갖추었다면 절반 이상은 성공한 것이다. 논문을 쓰고 나서 형식을 갖추는 것은 달리기를 다한 다음에 운동복을 입는 것과 같다. 처음부터 형식에 맞추어 글쓰기를 습관화 하라.

## 약장수처럼 떠들고 다녀라

어떤 논문을 쓰는 지를 떠들고 다녀라. 어떤 책을 보고 있고, 어떤 고민을 하고 있는 지를 다른 사람이 알게 하라. 말하고 다니면서 스스로 주제를 정리하게 되고, 뜻하지 않은 도움을 받을 수 있다.

## 지도교수를 믿지 말라

논문은 자신이 쓰는 것이다. 누가 써줄 것이라고 생각하지 말라. 논문에 관심을 갖고 지도해 줄 것이라고도 생각하지 말라. 논문의 주제를 고민하고, 작성하는 주체는 '나'이다. 지도교수는 표지판처럼 방향만 제시할 뿐이다. 지도교수의 역할은 흩어진 고민을 정리해 주고, 동기를 부여하는 것이다.

## 5.

# 논문 상담

논문에서는 물론 동일한 테마에 대해 다른 학자들이 말했던 것을 아는 것도 중요하지만, 무엇보다도 다른 학자들이 말하지 않은 무엇인가를 <발견>해야 한다. <발견>이라 할 때, 특히 인문 과학 분야에서는 원자핵 분열의 발견과 같은 엄청난 발견들이나, 상대성 이론이나 암을 치료하는 약의 발견 등의 거창한 것을 생각하지 않아도 된다. 좀더 소박한 발견이 있을 수도 있다. 또한 어떤 고전 문헌을 새로이 읽고 해석하는 방법이나, 어느 작가의 전기(傳記)를 새로이 조명해 줄 필사본 원고의 발견, 여러 가지 상이한 텍스트 안에 흩어져 있던 사상을 체계화하고 완성시켜 주는 이전 연구들의 재구성 및 재해석도 역시 <과학적인> 연구 결과로 간주된다.

-움베르토 에코, 김운찬 옮김,

『움베르토 에코의 논문 잘쓰는 방법』, 열린책들, 2001.

## ‘나의 논문을 절대 알려라’, 아는 만큼 도움받는다

논문을 준비하는 과정에서 필요한 것은 내 논문의 주제를 널리 알리는 것이다. 논문 주제를 알리는 것은 주변으로부터 도움을 받을 수 있는 최고의 방법이다.

교수님이나 선배나 동료들을 붙들고 주제를 알리고 말하면 도움을 받을 수 있다. 열심히만 하면 될 것이라는 생각은 착각이다. 내가 무슨 논문을 쓰고 있는지도 모르면서 도와줄 수는 없다. 자신감 있게 자기의 주제를 밝히는 것이 좋다. 나만 보면 논문을 떠오르게 만들어라. 뜻하지 않게 귀한 자료를 찾을 수도 있다. 주제에 대한 평가도 받을 수 있다. 이런 저런 이야기를 주고받으면서 논문 작성에 대한 요령도 터득하게 된다.

주제를 밝히고 이야기하는 것은 문제를 정리하는데도 도움이 된다. 내 논문의 문제가 무엇이고, 무엇이 부족한지를 정리할 수 있다. 논문의 문제는 논문 쓰는 본인이 가장 잘 안다. 본인이 문제의식과 한계를 잘 알지만 정리를 잘하지는 못한다. 논문 주제에 대해서 주위에 떠벌리는 것은 논문의 주제를 정리하는 대단히 좋은 방법이다.

## ‘논문’에 대해 많이 이야기 하라

미하엘 엔데의 책 『모모』를 보면 주인공 모모는 동네 모든 사람들의 고민을 해주는 상담사 역할을 한다. 어린 모모가 동네 사람들의 고민을 해결하는 방법은 아주 간단하다. 누구의 이야기이든 조용히 귀를 기울여 들어주는 것이다. 고민이 있는 사람들은 자기 고민을 말하면서 문제점과 실마리를 찾아간다.

논문도 비슷하다. 많은 경우 자기 글의 문제점은 본인이 가장 잘 알고 있다. 논문 주제를 자주 이야기하다 보면 스스로 문제가 무엇인지를 빨리 깨닫게 된다. 이야기를 나누다보면 말이 안 되는 부분이 있고, 논리적으로 밀리는 부분이 있다.

어느 부분이 문제라는 것을 알고 있는데, 드러내고 싶지 않다. 문제를 해결하기 위해서 무엇을 해야 할지도 잘 알고 있다. 드러내고 싶지 않을 뿐이다. 문제는 알지만 그것을 고치려면 다시 자료를 찾아야 하고, 작은 것을 수정하기 위해서 거쳐야 할 과정이 번거롭게 귀찮은 것이다. 조금 편하게 돌아가고 싶은 것이다.

논문을 주제로 이야기를 나누다 보면 관련된 정보를 얻을 수 있고, 도움을 받을 수 있다. 비판이어도 좋다. 내 논문에 대해서 그들이 보는 시각은 객관적인 입장에서 말해주는 것이다.

논문의 주제를 말하고 다니는 것은 내가 무엇을 고민하고 있는 지를 확인하고, 내가 하는 작업이 무엇인지를 각성 받고, 어떤 문제가 있는지를 점검받는 최고 방법이다. 논문을 주제로 말하기를 꺼리지 말라. 아니 즐겨라. 이보다 좋은 공부는 없다.

> 브레인스토밍은 비판을 금지한다. "'그러나'는 없고 '그리고'만 있다"는 말을 기억하자. 상대방이 어떤 아이디어를 내든지 비판하지 않는다. 비판하고 야유하기 시작하면 아이디어를 내는 사람이 위축되어 발표를 잘하지 못하게 되므로 브레인스토밍의 효과가 사라지게 된다.
>
> - 복주환, 『명쾌하게 생각하고 정리하고 말하는 생각정리스킬』 (천그루숲, 2021), 1661쪽.

## 논문 상담은 빈손으로 하지 말라

논문에 대한 윤곽이 잡혔으면 세부 주제는 지도교수와 상의하여 결정한다. 주제나 의논할 문제가 생기면 지도교수를 찾게 된다. 중요한 것은 지도교수와 상담할 때는 절대 빈손으로 가지 말라는 것이다. '선물을 사들고 가라'는 말이 아니다.

반드시 출력물을 가지고 해야 한다. 말로 하는 상담만큼 답답한 게 없다. 말은 명확하지 않다. 논문은 엄격한 용어로 쓰는 판결문 같은데, 말은 유동성이 너무 크다. 분명하지 않은 말들이 오가게 된다. '사실은…', '그게 아니고…' 이런 말이 나오면 이미 논문에 대한 상담이 아니다. 하소연이기 십상이다.

'함께'는 지혜입니다. 영국의 과학자이며 우생학(eugenics)의 창시자인 골턴(francis Galton)이 여행 중에 시골의 가축 품평회 행사를 보게 됩니다. … 787개의 표에 적힌 무게를 평균했더니 1,197파운드였습니다. 실제로 측정한 소의 무게는 1,198파운드였습니다. 군중을 한 사람으로 보면 완벽한 판단력입니다. 우파 우중론자인 골턴에게는 충격이었습니다. 집단의 지적 능력(collective intelligence)과 민주주의에 대해 다시 생각할 수밖에 없었습니다.

- 신영복, 『담론』(돌베개, 2015), 17쪽.

논문 상담은 상담 내용이 글로 표현되어야 한다. 논문의 주제가 무엇이며, 어떤 문제를 고민하고 있는지를 정리해서 만나야 한다.

주제를 아직 정하지 못하였다면 고민하는 주제가 무엇인지, 고민하는 분야가 무엇인지를 분명히 정리해야 한다. 주제가 정해지지 않는다면 고민하는 주제를 다 가지고 가도 좋다. 다만 주제에 대해 무엇을 고민하는지를 정리해야 한다.

'왜 이런 주제로 논문을 쓰려고 하는지'

'이 분야의 선행 연구는 어떤 것이 있는지'

'자신이 고민하는 것이 무엇인지'

'주제로 했을 때 문제가 생기는 부분은 무엇인지'

현재 자신이 고민하고 있는 문제의식과 상황이 어떤지를 알 수 있도록 정리해야 한다. 고민이 정리되어 있으면 논문 상담은 한층 효율적이고 성과적으로 이루어질 수 있다. 지도교수는 논문의 가부와 부족한 점, 문제점을 판단하고 지도해 준다. 이러한 판단을 하기 위해서는 무엇을 고민하는지, 무엇을 하려고 하는지는 알아야 한다.

정작 논문 주제를 놓고 고민하려 왔으면서도 고민이 무엇인지 알 수 없는 경우가 종종 있다. 말로 할 수도 있지만 문제에 집중하기가 어렵다. 말로 상담을 하면 주제에서 벗어나기가 십상이다. 대화에서나 회의 때도 마찬가지이다.

'그것도 생각해 보았는데....',

'사실은 요...',

'솔직히 말씀드리면....'

이런 대화를 하고 있으면 맥이 풀린다. 당연히 이런 고민도 해 보았을 것이고, 저런 고민도 해 보았을 것이다. 그런 고민을 듣자고 귀한 시간을 내는 것이 아니다. 이런 고민도 하고, 저런 고민도 했는데, 이런 문제가 있고, 저런 문제가 있는데, 어떻게 하면 좋겠느냐는 문제의 포인트를 정리해야 한다.

전공 분야가 있고, 전공영역이 있는 대학원에서 쓸 수 있는 논문 주제와 범위가 얼마나 다양하고 넓을 수 있겠는가? 지도교수와의 논문 상담은 이런 일반적인 문제를 상담하는 것이 아니다.

열심히 고민하는 것을 듣고 '응 그래. 논문 때문에 고생이 많구나. 열심히 해라' 정도로 끝날 수 있는 문제가 아니다. 주제가 적절한지, 앞에서 연구한 것과는 어떤 차이가 있는지를 꼼꼼히 따져보고 분석해 보아야 한다.

정말 고민하는 주제와 고민하는 내용을 놓고 상담해야 한다. 주제를 넓히는 것이 아니라 주제를 깊게 고민해야 한다. 깊은 고민을 위해서는 자신이 고민과 문제를 잘 정리하는 것이 필수적이다.

자기의 관심 분야와 문제를 정리하는 것은 논문을 주도적으로 이끌어 나가는 방법이다. 다른 사람들의 말만 듣고 이리저리 휩싸이다보면 정작 자신이 하고 싶은 것을 하지 못하게 된다. 자기 주도의 논문을 위해서라면 생각을 압축하고 잘 정리하는 것부터 시작하라.

## 질문에 따라 답이 나온다

생각을 압축적으로 정리하고 문제가 무엇인 지를 정리한 글은 말로 설명하는 것보다 백배의 효과가 있다. 문제를 정리하지 못하면 답변도 정리하지 못한다. 고민을 풀어 놓으면 '아휴 나도 몰라. 어떻게 되겠지'하고는 제풀에 지치게 된다.

문제를 잘 정리하고 가야 필요한 적절한 답변을 들을 수 있다. 가장 답답한 것은 단문으로 질문하는 경우이다. 질문이 간단하면 답변도 간단해진다.

## 질문이 하나면 답도 하나요. 질문이 열이면 답도 열이다.

“이게 논문 주제가 되겠습니까?”라고 물으면 뭐라고 대답하겠는가. 답변은 ‘된다’, ‘안된다’ 둘 중에 하나이다.

친절하게 되고, 안 되는 이유를 설명해 줄 수도 있겠지만 그런 경우는 많지 않다. 선행 연구를 충실해 했다면 되는 부분과 안 되는 부분, 모자란 부분이 무엇인지는 파악할 수 있다. 이런 간단한 질문은 스스로 아직 준비가 덜 되어 있다는 것을 드러내는 것이다.

질문이 복잡하면 답변도 복잡해진다.

관련 분야를 찾아보고 조사해 보았다면 질문을 좀 더 복잡하게 해 보라. “이 문제를 이런 방법으로 분석해 보고자 하는데 어떻겠습니까?” 뭐라도 대답하겠는가. ‘그 문제를 이런 방법으로 하는 것은 이런 장점이 있고, 저런 단점이 있다. 이런 방법으로 연구해 보는 것이 좋다’는 답변은 아닐까. 그렇게 되지 않더라도 주제의 적정성과 접근 방법에 대한 조언은 받을 수 있다.

여기에 구체적인 자료나 문제들을 정리해 가면 금상첨화이다. 거듭 말하지만 스스로 답변을 구하기 어렵다면 판단을 내릴 수 있도록 필요한 상황과 고민하는 내용을 잘 정리해 나가야 한다.

논의를 집중적으로 발전시켜나갈 수 있을 것이다. 행여 시간이 없거나 당장에 좋은 아이디어가 없더라도 지도교수의 책상 위에 나둔다면 나중이라도 큰 도움을 받을 것이다.

# 제3부

# 논문작성법

## 1.

# '주제'를 파악하라

움베르토 에코는 『논문 잘 쓰는 방법』에서 논문 쓰기의 시간을 6개월 이상 3년 이하라고 단언하였다.

곧바로 말하겠다. 3년 이상도 안 되고 6개월 이하도 안 된다. 3년 이상은 안 된다. 왜냐하면 만약 3년 안에 테마를 확정하고 필요한 자료 수집을 해내지 못하였다면, 그건 다음과 같은 세 가지 경우뿐이기 때문이다.

1) 우리의 능력을 넘어선 잘못된 논문을 선택하였다.

2) 모든 것을 말하고자 하는 불만족감이 있다. 그러면 20년 동안 논문 작업을 계속하게 된다. 반면에 유능한 학자라면, 비록 소박할지라도 한계를 확정하고, 그 한계 안에서 무언가 결정적인 것을 이

끌어 낼 수 있어야 한다.

3) 논문에 대한 노이로제가 시작되었다. 즉 논문을 포기하였다가, 다시 시작하였다가, 논문을 여러 가지 비열함의 알리바이로 이용하다가 결국은 절대 졸업하지 못하게 된다.

- 움베르토 에코, 김운찬 옮김,

『움베르토 에코의 논문 잘쓰는 방법』, 열린책들, 2001, 45쪽.

## 논문의 주제는 기본에서 나온다

논문을 쓸 때 가장 중요하면서 기본이 되는 것은 주제를 정하는 일이다. 주제를 정하는 일이 중요한 이유는 주제를 무엇으로 하느냐에 따라서 주제에 맞는 대상과 방법이 결정되기 때문이다. 주제에 따라서 주제를 살릴 수 있는 최선의 선택되는 것이다. 따로 국밥마냥 주제 따로 방법 따로 있는 것이 아니다.

주제를 정할 때 빠지기 쉬운 유혹은 남들이 하지 않은 주제이다. 남들이 하지 않은 주제를 찾아 연구하고 싶은 것은 공부하는 사람이라면 빠지기 쉬운 유혹이다. 유혹에 빠지는 이유는 많은 경우 논문은 무엇인가 특별해야 한다고 생각한다. 그러다 보니 '다른 사람들이 생각하지 못했던 주제가 좋을 것'이라는 유혹에 빠진다.

무엇인가 특별해야 한다는 생각은 버려라. 논문의 주제는 남들이 연구한 과제에서 모자란 부분을 보완한다고 생각하라. 논문 주제는 특별한 것이 아니라 일반적인 것이 좋다. 중요한 문제인데, 아직 하지 연구하지 않은 부분을 보완하는 것이다.

주제를 고민할 때는 선행 연구가 있어야 한다. 선행 연구를 조사하면 중요한 연구인데, 연구가 아직 이루어지지 않은 부분을 발견할 수 있다. 선행 연구를 조사하면서, 가능한 연구 주제를 목록으로 만들고 연구 범위와 방법을 고민하면서, 주제를 찾을 수 있기 때문이다.

## 역발상의 유혹에 빠지지 말라

학문의 길은 밑도 끝도 없다. 학문적 글쓰기는 자신이 얼마나 무지한지를 끊임없이 깨닫게 해준다. 공부를 하면서 한계를 깨닫고, 무지를 알기에 모든 논문에는 연구 범위와 방법이 제한된다. 내가 알고 있는 지식과 방법으로 연구 범위 안에서 문제를 다룬다.

공부하면서 가장 많이 빠지는 위험은 '역발상의 위험'이다. '역발상!' 생각만 해도 멋진 말이다. 많은 사람이 생각하지도 못하였던 발상을 한다. 그것으로 논문을 써서 세상을 깜짝 놀라게 한다. 생각 만해도 즐거운 일이 아닐 수 없다. 하지만 결코 그런 일은 쉽지 않다.

발상의 전환은 생활이나 기술적인 차원, 문학적인 상상력으로는 가능하다. 하지만 논문에서는 가능하지 않다. 발상이 발상으로 끝나는 것이 아니라 논리적으로 증명해야 하기 때문이다. 상상력만으로 글을 쓴다면 그것은 학문의 세계가 아니라 창작의 세계이다.

주변에서 그럴듯한 시나리오를 갖고 논문에 도전하는 경우를 본다. 성공보다는 실패가 많다. 논문은 단지 연구하고 싶은 주제를 다루는 것이 아니다. 연구하고 싶은 것 중에서 가능한 주제를 다루어야 한다.

만약 정말 참신한 아이디어가 떠올랐다면 그 분야의 선배나 교수님을 만나 보아라. 십중팔구는 그런 생각이 처음은 아닐 것이다. 미련을 갖지 말라. 일찍 포기하고 참신한 주제를 찾아라. 참신한 연구는 충실한 선행 연구에서 찾아진다. 선행 연구는 논문을 찾는 최고의 보물창고이다.

## 주제에 담긴 의미

논문 주제를 잡기 어려운 것은 주제 속에 방법과 대상이 결정되기 때문이다. 수십, 수백 장의 논문이라고 해도 논문의 주제는 한 줄로 정리할 수 있는 것이다.

예컨대, '술과 담배가 건강에 좋지 않다'는 결론을 위해 수많은 실험과 임상 결과가 보고된다. '담배가 대장암을 유발할 수 있다'는 정도는 전문가가 아니더라도 이야기할 수 있는 사실이다. 널리 알려진 상식에 속하는 정보이다. 주변에 담배 피우다 대장암에 걸린 사람이 있다면 경험적으로도 이야기할 수 있다. 하지만 논문에서는 담배가 대장암 유발에 어떤 영향을 미치는지를 구체적으로 입증해야 한다.

담배를 얼마나 피워야 나빠지는지, 어느 기간 동안 피워야 영향을 미치는지, 금연 기간에 따라서 얼마나 차이가 나는지를 객관적인 데이터로 밝혀내야 한다. 논문에서 중요한 것은 주제로 표현된 제목이 아니라 그 제목을 뒷받침하는 논리이다. 주제에 맞게 분석 내용이나 실험대상, 접근 방법이 구성되어야 한다.

논문 주제가 '독서가 두뇌 발달에 미치는 영향'이라고 하자. 이 경우 논문의 핵심은 '독서를 많이 하면 두뇌 발달에 도움이 된다'는 가설을 밝히는 것이 핵심이다.

우선 '독서'라는 개념을 분명히 해야 한다. '책을 읽는다'는 단순 개념으로는 안 된다. 독서의 대상이 필요하다. 어떤 책을 읽어야 하는지가 정확해야 한다. 동화책도 있고, 소설책도 있고, 시집도 있고, 실용 서적도 있고, 만화책도 있다. 독서 시기에 대한 조사도 필요하다. 몇 살 때 읽는 것이 효과적인지, 어느 시기에 독서하는 것이 효과적인지도 조사해야 한다. 독서 방식에 대한 분석도 필요하다. 소리 내어 읽어야 하는지, 어머니랑 같이 읽는 것이 좋은지도 살펴야 한다. 따라서 '독서를 많이 하면'이라는 한 줄은 다양한 범위와 방법을 포함하고 있다. 본문은 당연하게 이런 내용이 포함된 장과 절로 구성되어야 한다.

작은 것, 사소한 문제 속에 담겨있는 엄청난 의미를 읽어내는 것이 상상력입니다.

- 신영복, 『담론』(돌베개, 2015), 52쪽.

## 주제는 일반화 할 수 있어야 한다

논문의 주제는 일반화할 수 있어야 한다. 특정한 사례 연구가 중심이 되어서는 안 된다. 사례 연구는 일반화할 수 있을 때 사례 연구로서 의미가 있다.

'한국 경제에 미친 삼성의 영향'이라는 제목은 적절하지 않다. 기업 내 연구소라면 이런 보고서는 가능하지만 논문으로는 적절하지 않다. 이 경우에는 '한국 경제에 미친 기업의 영향 - 삼성을 중심으로-'로 하는 것이 좋다. 특정한 기업을 연구하는 것이 아니라 삼성이라는 기업을 사례로 경제발전과 기업의 역할을 분석하는 것이기 때문이다.

선택된 사례를 대표성이 있어야 한다. 대표성이 없는 특이한 사례를 선택하는 것은 논문의 객관성을 떨어뜨리기 때문에 용납되기 어렵다.

논문 주제가 일반적이라는 것은 논문의 기본 전제에 대한 공감이 있어야 한다는 것이다.

어떤 논문이건 기본적인 전제가 타당해야 한다. 기본적인 전제가 맞지 않으면 그 속에서 어떤 주제를 정하든 근본적인 문제에 부딪히게 된다.

'담배가 건강에 미치는 긍정적인 효과'로 주제를 삼을 수도 있다. 담배가 스트레스를 해소하는 효과도 있기 때문에 담배가 조금이라도 건강에 긍정적인 영향을 미치지 않는다고 할 수는 없을 것이다. 실제 담배에 대한 예찬론을 펼치는 명사들이 있다. '글은 펜과 종이로 쓰는 것이지만 담배 없이는 결코 나올 수 없다'는 소신을 가진 수필가 김소운 선생님도 있었다. 하지만 이것은 수필에서나 가능한 주제이다. 기발하기는 하지만 일반적인 전제에서 벗어난 주제이다. 논문 주제로 적절하지 않다.

'미국 외교에서 부통령의 역할'이라는 주제가 논문으로 주목받는 것은 미국 외교에서 부통령이 일정한 역할을 하기 때문이다. 대통령의 외교정책 연구는 많이 있었는데, '부통령의 역할'에 대한 연구는 미처 생각하지 못했던 주제가 될 수 있다.

비슷한 주제를 찾아본다면 미국 외교에서 퍼스트레이디가 일정한 역할을 한다는 전제가 성립된다면 '미국 외교에서 퍼스트레이디 역할 연구'라는 제목이 가능하다. 하지만 '미국 외교에서 대통령의 옷차림이 미치는 영향'은 주제로서 타당하지 않다. '대통령의 옷차림'이 외교에 영향을 미치지 않는다고는 할 수 없지만 영향을 미치는 정도가 유의미해야 한다. 연구자는 '대통령의 옷차림이나 말투가 분명히 외교관계에 영향을 미치고 있다'고 생각할 수도 있다. 설령 외교관계에 영향을 미치더라도 그 정도가 미미하다면 유의미를 갖기는 어렵다. 내가 그렇게 생각한다고 해서 그렇게 쓸 수는 없다. 거듭 말하지만 논문은 사회의 공공재이기 때문에 검증된 주제여야 하기 때문이다.

> '주장'은 쉽지만 '검증'은 어렵다. 논문의 주제는 객관적으로 검증된 것이어야 한다.

논문의 주제는 객관적으로 증명할 수 있어야 한다. 심정적으로 공감하는 것이 아니다.

'선물을 준다면 관계가 좋아질 것이다'는 사실은 누구나 경험적으로 아는 문제이다. 일상생활이라면 문제가 없겠지만 논문이라면 이 평범한 사실을 객관적으로 밝혀내야 한다.

예측 가능한 모든 상황을 정리해야 한다. 가령 선물을 받으면 기분이 정말 좋아지는지, 기분이 얼마나 좋아져야 좋아졌다고 할 수 있는지, 선물받고 기분 나쁜 적은 없었는지 등등이다. 어떤 관계에서 어떤 선물을 줄 때 가장 기분이 좋아지는지, 얼마짜리 선물을 주어야 하는지, 어느 시기에 주어야 하는지를 구분하고, 그에 따라서 호감도가 얼마나 높아지는지를 밝혀야 한다.

'선물'을 주제로 한 책을 읽은 적이 있었다. '선물의 문화사회학'이라는 부제가 붙은 『우리는 왜 선물을 주고받는가』(김성주 지음, 삼성경제

연구소, 2006)라는 책이 있었다. 처음 이 책을 보았을 때 '선물'을 주고받는다는 것으로도 책을 쓸 수 있을까 싶었다. 그러나 처음 생각과 달리 선물을 주고받는다는 것은 다양한 사회적 행위를 포함하는 복잡한 문제이다.

예를 들어 "만난 지 100일 된 이성 친구의 어머니 생일에 드릴 선물"을 골라야 한다고 하자. 문제를 해결하는 것은 그리 간단한 문제가 아니었다. 다음과 같은 사항이 변수가 될 수 있다.

① '100일'이라는 시간이다. 만난 지 1일, 10일, 1년, 10년은 두 사람과의 친밀도를 의미한다. 100일이라는 시간이 갖는 의미에 대한 해석이 필요하다. 같은 조건에서 10일이나 10년으로 바꾸어 보면 선물을 선택하는 데 달라질 수 있다.

② '이성 친구'라는 점이다. 이성 친구가 아닌 동성 친구였다면 역시 선물의 종류가 달라질 것이다.

③ '어머니'이다. 선물을 주어야 할 대상이 이성친구의 아버지나 동생이었다면 선물의 종류가 달라진다. 어머니에게 드릴 선물과 동생에게 줄 선물은 같을 수 없다. 또한 이성친구의 어머니가 사회적으로 특별한 위치에 있을 수도 있고, 평범한 어머니일 수도 있다. 어머니의 사회적 지위나 위치에 따라서 선물의 종류가 달라진다.

④ '생일'이라는 점이다. 생일이 아닌 다른 날, 예컨대, 결혼기념일이나 승진, 개업 등의 일이었다면 선물의 종류가 달라진다.

이런 문제는 드러나 있는 변수이다. 선물을 주는 입장에서는 어떤 의도로 선물을 하는 지에 대한 변수가 있어야 한다. 선물하는 의도가 '이성 친구의 호감을 사는 것', 프로포즈를 앞두고 공식적으로 인사를 드리려 할 때의 선물을 같은 것일 수 없다. 경우의 수는 달라진다.

선물은 어머니를 향하지만 이성 친구의 마음을 겨냥할 수도 있다. 이성친구의 어머니를 기쁘게 해 드리려는 선물이나 이성친구에게 호감을 얻기 위해서 이성친구의 어머니에게 드리는 선물은 차이가 난다. 선물을 주고 받는 일상적인 일이지만 이것이 미치는 영향을 분석하고 밝히는 일은 복잡하고 어렵다.

선물을 주면 얼마나 좋아지는지, 어떤 상황에서 어떤 선물을 하면 좋아지는지, 정말 선물을 하면 선물하지 않았을 때보다 좋아지는지, 선물하면 좋아지는 관계가 선물때문인지 아니면 선물하는 행위 때문인지, 선물해도 효과가 없는 경우는 왜 그런지를 분석해야 한다.

그래서 선물 주는 사람과 받는 사람의 관계, 선물의 가격이 호감도에 미치는 영향, 선물 주는 사람과 받는 사람의 사회적 위치, 미래에 대한 기대감 등등이 구체적으로 얼마나 영향을 미치는지를 밝혀야 한다. 정말 선물을 하면 관계가 좋아질까. 어디까지가 선물이고, 좋아지는 시간은 얼마나 갈까. 이런 생각에 대해 일일이 답변해야 한다. 논문은 객관적으로 증명해야 하기 때문이다.

주제를 가지면 의식이 생긴다.

- 나카지마 다카시 지음·이수경 옮김,

『성공한 사람들의 메모하는 방법』, 시간과공간사, 2006, 99쪽.

## 주제는 구체적이어야 한다

논문은 특화되어야 한다. 특별한 주제와 특화된 주제는 의미가 다르다. 전문화된 영역이 있어야 한다. 논문 주제를 잡는다는 것은 길게 보면 학문적 방향과도 관련되는 문제이다. 지속적으로 그 분야에서 주제를 발굴하고 연구할 수 있어야 한다. 특화된다는 것은 자기의 주된 연구 분야를 갖는다는 것을 의미한다.

전문가들은 자기 전공분야가 있다. 정치학이라고 한다면 국제정치, 비교정치, 한국정치가 큰 범주가 될 것이고, 한국정치 전공이라면 그 안에서도 또 범주가 세분될 것이다. 특화된 영역을 가지라는 것은 좀 더 구체적인 자기 연구분야를 가져야 한다는 뜻이다.

'춘향전'만 평생 연구해서 '춘향전'의 대가가 되신 교수님이 계시고, '독립운동사'만 연구하시거나 '안중근 의사', '태극기 연구'로 평생을 보낸 분들도 계신다. '대통령'과 관련된 연구를 통해 '대통령학' 연구자로 이름난 교수님이 있다. 연구 분야를 특화하여 자신의 전공 영역으로 특화한 것이다.

인테넷이 발달하고 SNS가 발달한 현대사회에서 인터넷과 민주주의, 전자민주주의에 관심을 갖고 있다. 연구주제로 특화할 수 있는 영역들이다.

### 주제는 명료한 '하나'

논문의 주제는 명료해야 한다. 논문을 통하여 무엇을 말하는 지가 분명해야 한다. 논문 상담을 할 때 제일 답답한 것은 무엇을 말하고 싶은 지가 분명하지 않다는 것이다. 논문은 명료해야 한다. 이럴 수도 있고, 저럴 수도 있는 논문은 논문이 아니다. 하나의 주제를 중심으로 논문 전체가 일관되어야 한다.

논문의 주제는 한 줄로 표현되어야 한다. 논문 제목에는 '무엇을 어떻게 한다'는 것이 최소한으로 표현되어 있다. 가령 '김소월 시의 서정성 연구'라고 하면 대상은 '김소월 시'이고, 연구내용은 '서정성'이다.

문화콘텐츠 학과의 논문이라고 하자. 논문의 일차적인 범주는 '문화콘텐츠에서 00이 중요하다'는 것이다. '00'에 어떤 단어가 들어갈 수 있을지가 곧 논문의 주제가 된다.

정리해보면 다음과 같은 것이 가능하다.

| | | |
|---|---|---|
| | 국가 정책지원이 | |
| | 스토리 개발 | |
| | 차별화된 캐릭터가 | |
| 문화콘텐츠는 | | 중요하다. |
| | 전문화된 인력 양성이 | |
| | 관련 분야의 정보교류가 | |
| | …… | |

어느 것이 정답일까?

정답은 없다. 모두 다 중요하다. 논문을 쓰면서는 어느 한 부분을 빼놓을 수 없을 것이다. 분명 여러 분야에 대해서 언급하지 않을 수 없다. 하지만 그렇다고 해서 모두를 나열하게 되면 중심이 없는 논문이 된다. 중심 주제를 잡아야 한다.

가장 중요한 것이 무엇인지를 정하라. 그리고 중요한 이유를 밝혀 나가면 된다. 비어 있는 '00'이 들어간 문장이 논문의 주제문이 된다. 주제문에서 조사를 뺀 나머지가 논문의 주제가 된다.

'문화콘텐츠 산업 활성화를 위한 국가 정책 연구', '문화콘텐츠 분야의 인력 육성 방안 연구' 등의 제목이 만들어 진다. 국가정책이 가장 중요하다고 판단하면 '국가정책'이 중심이 되고, 인력양성이 가장 중요하다고 판단되면 '인력양성'이 주제가 된다. 이 정도가 되면 대분류에서 중분류까지는 온 것이다. 세분화된 주제가 잡히지 않을 때는 포괄적이라도 한 줄로 설명할 수 있도록 주제를 정리하는 훈련이 필요하다.

논문의 주제가 정리되려면 기본적인 방향이 무엇인지를 분명히 해야 한다. 논문에서 중요한 것은 내가 아는 것을 나열하는 것이 아니라 내 논리를 객관하하는 것이다. 아는 것을 나열할 것 같으면 밑도 끝도 없다. 논문 주제와 관련하여 필요한 것이 무엇인지를 정리해야 한다. 주제의 컨셉을 정리하라는 것이다.

## 주제는 큰 집에서 작은 집으로

대학원은 본격적으로 학문을 연마하는 곳이다. 학문을 연마한 결과는 논문으로 나타난다. 주어진 것을 배우는 것에서 나아가 새로운 학술과 논리를 개발하는 공급자가 되는 것이다. 의미있는 논문을 쓰기 위한 첫 번째 단계는 논문의 주제를 정하는 것이다. 논문의 주제를 정하는 일은 논문의 출발이자 목적지이다.

주제가 정해지면 주제에 맞는 연구 방법과 연구범위, 써야할 내용과 방향이 따라서 결정된다. 주제 따로, 연구 방법 따로, 분석 내용 따로 이런 논문은 없다. 그렇기 때문에 주제를 정하는 것이 가장 어려운 일이다.

전공 분야에 대한 충분한 지식이 있어도 주제를 정하는 일은 쉽지 않다. 하물며 아직 배움이 시작인 단계에서야 두말할 필요도 없다.

주제 정한다는 일이 쉽지 않다면 어떻게 해야 할까.처음부터 구체적으로 정하기보다는 관심분야와 할 수 있는 분야가 무엇인지를 검토하면서 주제와 범위를 구체화하는 과정 사실 논문주제를 정한다고 생각하지만 **논문 주제는 정하는 것이라기보다는 공부하는 과정에서 얻어지는 것이다.**

연구 주제가 아직 잡히지 않았다면 대분류, 중분류, 소분류를 거치면서 주제를 정하는 방법이 유용하다. 넓은 범위에서 시작하여 관심 분야를 좁혀나가는 것이다.

① 넓은 범위라도 관심 분야를 정하고 → ② 관심 분야의 선행 연구 리스트를 충실하게 작성하고 → ③ 선행 연구를 충분히 리서치하고 → ④ 세부 부제를 구체화하면서 범위를 좁히고 → ⑤ 논문을 쓰면서 완성하는 과정을 거치는 것이다. 학문 분류표를 따라서 세분하듯이 주제를 좁혀가는 것이다.

## 관심 분야를 명확히 정하라

논문 주제를 정하기가 어렵다면 먼저 내 관심 분야가 무엇인지를 돌아보자. 구체적이지 않아도 내 관심분야가 무엇인지를 분명히 할 필요가 있다.

관심분야의 범주는 다르다. 인문과학과 사회과학에 따라 다르고,

지역학에 따라서 다르다. 국어국문학에서는 국어학과 국문학으로 나뉘고, 시기에 따라서 고전문학과 현대문학으로 나뉘고, 장르에 따라서 시가, 산문, 비평 등으로 나누어진다.

시기를 세분하여 왕조별로 나눌 수도 있고, 100년을 주기로 해서 17세기, 18세기로 나눌 수도 있다. 혹은 10년을 단위로 1990년대, 2000년대로 구분할 수도 있다. 특정한 시기 예컨대 '한국전쟁기' 등이 단위가 될 수 있다.

지역학에서는 정치, 경제, 사회, 문화 등으로 크게 나눌 수도 있다. 정치분야는 국제관계, 의회정치, 외교 등으로 나눌 수 있고, 시기나 정권별, 국가관계로 나눌 수 있다. 여러 개의 주제를 복합적으로 정할 수도 있다.

어디까지 관심분야가 되는지 판단하기 어려울 땐 학문 분류체계를 참고 하면 된다. 도서 분류체계를 참고로 해도 되고, 인터넷 서점의 분류를 참고로 해도 되고, 학술정보 사이트의 분류를 참고로 해도 된다. 해당 학과의 전공과목 이름을 참고해도 된다. 최소한 그 정도의 범주는 정해야 한다.

체육을 예로 들어보자. 체육에는 문외한이지만 대충 나누어 보아도, 경기 종목에 따라서 구기, 육상, 격투기 등으로 나누어지고, 전문성에 따라서 프로체육, 생활체육, 학교체육, 노인체육, 청소년 체육으로 나뉜다. 행정이나 정책에 따라서 체육행정, 체육정책으로, 경영이나 마케팅과 관련해선 체육경영, 스포츠 에이전트, 의학과 관련하여 스포츠

의학, 심리학과 결합한 체육심리학, 체육 인프라와 관련하면 체육경기장, 체육시설로 나누어지고, 심리학과 결합하면 스포츠심리학으로 나누어진다. 의학과 만나면 스포츠 의학, 스포츠 재활이 되고, 장애인 만나면 장애인 스포츠라는 주제가 나온다.

구기 종목만 해도 세부 종목에 따라서 축구, 야구, 농구, 배구, 핸드볼 등으로 나누어진다. 분류의 기준을 적용하면 더욱 많은 세부 분야로 나누어진다. 이렇게 나누다보면 끝이 없다. 체육을 소재로 한 소설 연구를 전공한 연구자도 본 적이 있다. 소설만 있겠는가. 스포츠 만화, 스포츠 드라마나 영화를 연구해 보는 것도 흥미롭지 않을까.

관심이 구체적이지 않을 때에는 우선 관심 분야의 순위를 정하거나 넓은 범위에서 기본적으로 읽어야 할 도서와 선행 연구를 검토하면서 관심의 폭을 좁혀 세분화된 주제를 찾아가야 한다. **분명한 것은 자신의 관심 분야가 무엇인지를 확인하는 것이다.**

## 논문 주제로 짧은 글짓기를 해보라

논문 주제를 세분하는 작업이 잘되지 않을 때는 논문 주제와 관련한 질문지를 만들어 보라. 주제와 관련한 많은 질문을 만들다 보면 다양한 논문 주제를 잡을 수 있다.

주제와 관련하여 6하 원칙을 적용해 보는 것도 방법이다. 논문 주제가 잘 생각나지 않을 때 자주 쓰는 방법이다. 가령 논문 주제가 '문화콘텐츠 발전과 국가정책'이라고 하자. 다음과 같은 질문을 만들어 보자.

① 누가

'누가'는 주체와 관련된 질문이다. 어떤 주제이건 간에 주체와 관련된 문제는 항상 제기된다. 주체와 관련한 질문을 만들어 보자. 가령 '문화콘텐츠 발전에서 국가 정책이 중요하다'고 '누가' 말했는가? 정책을 주도하는 정부인사, IT연구가, 대기업 회장 등. 정책을 통해 문화콘텐츠 산업을 발전시키는 '나라, 기업, 전문가'는 누가 있는가? 정부나 국내외 기업, 외국에서는 어떤 정책을 추진하고 있는가? 등등의 질문이 가능하다.

② 언제

시간, 시기와 관련한 의문이다. 어떤 일이든 지 시간이나 시기는 논문의 주제로서 유용하다. 이때 시기나 시대와 관련하여 주제를 정할 경우에는 시대적인 의미가 있어야 한다.

어떤 법령이 제정된 시기, 사회적으로 큰 반향이 있었던 시기가 중요한 선택시기가 될 수 있다. '문화콘텐츠에서 국가의 정책적 지원'이 시작된 것은 '언제'부터인가? 관련 기관이 생긴 것은 '언제'이며, 관련 학과나 학회가 생긴 것은 '언제'인가? 등등 관련 개념이 생기거나 관련한 정책이 만들어진 것이 언제인지는 논문 작성에 매우 중요한 문제가 된다.

문화외교에 관한 글을 본 적이 있었다. '문화외교'라는 용어도 새로웠지만 앞으로 문화가 외교에서 중요한 역할을 할 것이라는 전망도 흥미로웠다. 새로운 용어가 생겨나고 새로운 현상이 생겨나는 것은 반드시 사회적인 배경이 있다. 그 배경을 이해하기 위해서는 시대적인 상황을 파악해야 한다. '언제'는 시간과 관련한 질문을 말한다.

③ 어디서

주제와 관련한 관련 기관이나 부서, 외국의 사례에 대한 문제의식이다. 우리나라에서는 어느 부서에서 담당하는가? 다른 나라에서는 어떻게 하고 있는가? 어느 기업이 하고 있는가? 등등의 문제로 접근하는 것이다. 가령 문화콘텐츠 진흥을 위한 정책 담당 기관은 어디인가? 외국에서는 어떻게 정책으로 반영하고 있는가? 국가 정책이나 개인이나 혹은 기업이든 간에 일하는 주체는 매우 중요한 문제이다. 공공기관에서 일을 추진한다는 것은 공공성을 띠고 있다는 것을 의미한다. 따라서 논문을 쓸 데는 주체의 자격과 사회적 지위, 공적인 문제를 잘 따져야 한다.

④ 무엇을

목적 혹은 분야에 대한 문제이다. 문화콘텐츠 진흥을 위한 국가 정책의 목적은 무엇인가를 밝히는 것이다. 어떤 일을 하든 공식적인 글의 가장 첫머리는 목적 및 필요성이다. 목적과 필요성을 설득하지 못하면 다른 부분이 아무리 훌륭하다고 해도 설득하기 어렵다. 무엇을 할 것이며, 왜 해야 하는지에 대해 답할 수 있어야 한다. 가령 한국 애니메이션 연구를 한다고 하자. 첫 번째 질문은 당연하게도 '왜 하는데?'일 것이다. '남들이 안 했으니까. 내가 한다'는 답변이 아니라 왜 해야 하는지에 대해서 답을 할 수 있어야 한다.

⑤ 어떻게

'어떻게'는 방법과 관련한 질문이다. 국가별 정책이나 기업의 풍토를 비교하는 방법, 설문조사 방법, 현장 조사 등의 방법이 있을 수 있다. 국가는 문화콘텐츠 진흥 정책을 어떻게 시행하고 있는가. 이렇게 시행하는 방법은 적절한 것인가 등을 점검해 본다.

연구 방법으로는 문헌조사, 비교연구, 설문조사, 사례분석이 있을 수 있고, 장면분석, 기법분석 등의 방법이 있다. 중요한 것은 연구주제와 밀접한 방법론이어야 한다는 것이다. '한국 문화콘텐츠 산업 활성화 방안'이 논문 주제라고 하자, 외국의 사례를 분석할 수도 있고, 전문가를 심층 면접할 수도 있고, 관련 전문가들을 대상으로 설문조사를 할 수도 있다. 어떤 방법을 동원하든 그것은 논문 주제를 가장 분명하게 살릴 방법이어야 한다.

⑥ 왜

배경이다. 특정한 정책이 만들어지게 된 이유에 대한 것이다. 국가는 왜 문화콘텐츠 진흥 정책을 할까? 국민에게 풍부한 문화콘텐츠를 제공하기 위해서일까? 아니면 콘텐츠 산업을 육성하여 국가의 경제적 이득을 위해서일까? 아니면 청년들의 고용을 증진하기 위해서일까? 아니면 특정한 지역의 경제발전을 위해서일까? 등등의 질문이 있다. 연구자가 생각할 때 가장 적절하다고 생각하는 답변을 논리적으로 진술하는 것이 논문이다.

# 2.

# 논문 길라잡이 선행 연구

## 논문의 생명은 창의력이라는 착각

논문의 생명은 창의력이다. 논문에서 창의력이란 곧 가치를 만들어 내는 작업이다. 논문이 힘든 것은 자료를 찾고 쓰기가 힘든 것이 아니라 가치 있는 주제를 발견하는 것이 어렵기 때문이다. 논문의 가치는 사물을 보는 새로운 시각을 찾아내는데 있다.

창의력이라는 말에 매혹되지 말라. '새로운 가능성'이라는 말에 속지 말라. 논문은 창의력이라는 즐거운 상상으로 끝나는 것이 아니다. 논리가 뒷받침되어야 한다. 창의력이라고 해서 새로운 주장을 펴지 말라. 하늘 아래 새로운 것은 없다. 숨어있던 1인치를 발견하는 것처럼 조금 더 찾아내는 것이고, 약간은 다르게 볼 수 있는 근거를 찾아내는 것이 창의력이다.

학생이 중요한 문제를 명료하게 깨달았다고 단순하게 가정해 보자. 완전히 무(無)에서 탄생하는 것은 아무것도 없으므로 학생은 분명 누군가 다른 저자의 영향하에서 자신의 사상을 정교화하였을 것이다.

- 움베르토 에코, 김운찬 옮김,
『움베르토 에코의 논문 잘쓰는 방법』, 열린책들, 2001, 41쪽.

새로운 가능성을 발견하는 과정은 상상의 결과가 아니라 노력의 산물이다. 논문을 통해 새로운 가능성을 찾아내는 작업은 수많은 시행착오 끝에 발견하는 발명이나 발견과 같다. 논문에서는 비약이나 환상은 없다. 논리가 있고, 근거가 있어야 한다. '아름답다'고 말하는 것이 아니라 아름다운 이유를 과학적으로 증명해야 한다.

## 좋은 모델을 찾아라

부자가 되고 싶다면 어떻게 해야 할까?
운동을 잘하려면 어떻게 해야 할까?

다른 사람이 물어보면 뭐라고 대답할까. 부자가 되는 방법을 배우고, 운동 잘하는 방법을 배우라고 하지 않을까. 공부를 잘하고 싶다면 공부 잘하는 학생에게서 공부하는 방법을 배우고, 부자가 되고 싶으면 부자에게서 배우는 것이 우선이다.

공자도 배우고 싶은 것은 잘하는 사람에게서 배우라고 하였다. 농사는 농민에게 배우고, 고기 잡는 법은 어부에게 배우라고 하였다. 하물며 공부라고 다를 바 없다.

좋은 모델을 따라하는 것은 또 다른 창조를 위한 첫걸음이다.

모방하지 않는다면 창조도 없다. 처음 논문을 쓰는 대학원생이 먼저 배워야 할 것은 잘 쓴 논문이다. 학과에서 최근에 졸업한 박사학위 논문부터 찾아보자. 이보다 좋은 모델은 없다.

먼저 선행 연구를 찾고 확장하면서, 내가 배울 수 있는 좋은 롤 모델을 고민해라. 자기와 분야가 같아도 좋고, 분야가 달라도 좋다. 어떤 논문이 좋은지 모르겠다면 선배에게 물어보아도 된다.

내가 쓰고자 하는 주제와 관련한 논문 중에서 좋다고 생각하는 논문을 본보기로 삼는 방법이 있다. 적절한 모델을 찾아서 주제를 어떻게 정하고, 또 어떤 자료를 이용했고, 어떻게 논리를 전개하였는지를 살펴보는 것이다. 가장 분명한 방법은 좋은 논문을 써보는 것이다.

좀 무식하지만 논문을 곁에 두고 그대로 써보는 방법도 있다. 전체가 어렵다면 참고할 부분만이라도 써보기를 권한다. 용어 하나하나가 눈에 들어올 것이며, 인용문의 토씨까지 따라 쓰다 보면 문장의 의미,

연구자의 고민을 알게 된다. 눈으로 읽으면 그냥 지나칠 말도, 이 말을 쓰기 위해 어떤 고민을 했는지 알 수 있다.

> '설명하는 뇌', 즉 '통섭의 뇌'는 인문학을 절대적으로 필요로 한다. 학문은 어차피 인문학으로 시작하여 인문학으로 마무리하는 것이다. 분석은 과학적인 방법론을 사용하여 할 수 있지만 통섭은 결국 언어로 하는 것이기 때문이다.
>
> - 최재천·장대익, 『통섭』, 사이언스북스, 2005, 19쪽.

자기 생각을 논리로 전개 과정을 배우는 것은 물론이다. 일주일에 한 편씩 서너 편만 써보아도 효과를 느낄 수 있을 것이다. 소설가들도 비슷한 과정을 거친다. 하루 8시간씩 소설을 쓰면서 문장을 익히고 구조를 배운다.

프로야구 선수들은 한 경기에 몇 번 타석에 들어가기 위해, 하루에도 수백 번 이상의 훈련을 한다. 겨우내 열심히 수비 연습을 해도 한 차례가 돌아오지 않기도 한다.

텔레비전에서 프로 볼링선수들의 경기를 본 적이 있었다. 선수가 주로 쓰는 쪽의 팔뚝은 다른 팔뚝에 비해서 훨씬 커 있었다. 무거운 볼링공을 들고 매일같이 연습한 결과다. 결과는 그런 과정을 통해 결과가 얻어진다. 가수로 데뷔하기 전에 연습생으로 몇 년을 노래하고 춤춘다. 그런 과정 없이 무엇을 이룬다는 생각은 버려라.

## 보물창고, 선행 연구

논문에서 창의성이란 연필에다 지우개를 붙여서 새로운 상품을 만드는 과정이다. 기존의 연구에다 작은 성과를 하나 더 보태는 과정이다. 연필 뒤에 지우개를 붙이는 것도 간단한 문제가 아니다. 연필과 지우개를 결합하기 위해서는 여러 정보가 필요하다. 지우개의 굳기, 크기, 길이, 재질, 접합재료 등등을 점검하고 찾아야 한다.

선행 연구는 이런 고민을 해결하는 보물창고이다. 내 논문이 새로운 논문으로서 가치를 확인하기 위해서는 먼저 어떤 연구들이 이루어졌는지를 확인받아야 한다. 열심히 연구했는데, 막상 꼭 같은 주제가 있었다면 그것은 후학의 책임이다. 대학원에서는 이런 걸 교통사고 났다고 한다. 뒤차 책임이다.

어떤 선행 연구가 있는지, 어떻게 이루어져 왔는지, 어떤 성과를 거두었고, 어떤 한계가 있는지, 또 논문을 쓰면서 어떤 고민이 있는지를 관찰하라. 누가 논문에 대해 고민하면 먼저 선행 연구부터 챙기고, 선행 연구 정리부터 하도록 한다. 대부분의 답은 거기에 있고, 거기부터 나온다.

논문을 평가할 때, 참고문헌은 대단히 중요한 평가 기준이 된다. 해당 주제와 관련하여 반드시 읽어야 할 연구 목록이 있는지를 본다.

## 논문의 출발 선행 연구 리스트부터

관심 분야가 정해지면 해당 분야의 선행 연구 리스트를 작성하라. 리스트를 작성한다고 쉽게 생각하지 마라. 선행 연구만큼 어려운 것이 없다. 하나라도 빠지면 안 된다는 심정으로 빠짐없이 조사해야 한다. 수사관이 사건 현장을 뒤져 단서를 찾듯이 그렇게 현미경을 들이 대고 찾아야 한다. 연구자로서 부지런함은 덕목이 아니라 기본자세이다.

어떤 분야이건 적지 않은 학문적 성과들이 축적되어 있다. 다른 사람의 경험과 지식을 배우는 것은 결코 쉬운 일이 아니다. 무엇이 있는지를 알아야 하고, 어떤 고민을 했는지도 알아야 한다. 선행 연구를 소홀히 해서 같은 주제의 논문이 있었다는 것을 놓쳐서는 안 된다. 그런 일이 있다면 전적으로 뒷차 책임이다.

선행 연구를 찾는 방법은 첫번째 방법은 국립중앙도서관이나 학술 정보 사이트를 활용하는 것이다. 주제어를 검색하면 관련 정보들이 쏟아져 나온다. 이 정보들을 수집하여 잘 분류하면 된다. 주제어를 통한 검색은 관련 분야의 연구 성과가 모두 검색되기 때문에 분류기준과 연관어를 잘 정해야 한다. 논문에서 키워드로 어떤 것이 있는 지를 살펴보고 유용한 검색어를 활용해야 한다.

주제어를 활용한 검색은 선행 연구 결과를 빠짐없이 찾을 수 있다는 장점이 있지만 질적 평가가 어렵다는 단점이 있다. 하지만 검색을 통해 해당 분야를 검색하면, 꾸준하게 연구하고 있는 전문가가 누구인지는 확인할 수 있다.

검색된 자료는 '학위논문', '단행본', '학술논문', '주제별' 등의 기준으로 정리하거나 시기별로 나누어서 정리한다. 혹은 두 가지를 병행해서 시기별로 나누고 분야별로 정리할 수도 있다. 선행 연구를 정리하면 연구 동향이나 흐름을 파악할 수 있다. 어느 시기에 어떤 주제의 논문이 나왔는지, 주된 연구 분야가 무엇인지를 알 수 있다.

가장 최근에 나온 학위논문을 참고하는 가장 확실한 방법이다. 관련 분야의 박사학위 논문 참고문헌은 특히 유용한 정보를 담고 있다. 학위논문의 마지막에는 참고문헌이 있다. 학위 논문의 참고문헌을 정리하고 모으는 것이다. 생각보다 그리 어려운 작업이 아니다. 학위논문에서 선행 연구를 찾으면서 조사하다보면 10편 정도의 학위논문만 조사해도 선행 연구의 상당한 정보는 얻을 수 있다.

학위논문을 조사는 질적인 평가가 가능하다는 장점이 있다. 어떤 자료가 많이 인용되고 있는지를 알 수 있다. 반드시 읽어야 할 필독 자료들이 무엇인지 드러난다. 논문심사 과정에서도 필독 자료를 읽지 않았다는 지적은 피할 수 있다.

두 가지 방법을 병행하는 것이 좋다. 질적 평가와 함께 양적인 평가가 가능하기 때문이다. 선행 연구 리스트가 만들어졌다면 논문 작업에서 참고문헌을 만들어 진 셈이다. 만드는 것도 중요하지만 수시로 업그레이드를 해야한다. 학문은 멈추어져 있는 것이 아니라 끊임없이 발전한다. 학기가 바뀔 때 한번은 최근 연구 자료들로 보완해야 한다.

## 선행 연구 비틀기

관심분야에 대한 리서치가 끝났다면 본격적으로 연구 주제를 구체화할 필요가 있다. 주제를 먼저 확정하고, 관련 자료를 찾으면 좋겠지만 그렇지 않다면 **관심을 두었던 분야에서 가능한 주제를 찾아야 한다. 탕약 졸이듯이 논문 주제를 찾아내고 거르는 과정을 통해 찾아가는 것이** 시간 낭비 없이 논문 쓰는 지름길이다.

대학원에 입학하게 되면 이런 저런 달라진 분위기에 적응하면서 헤매고, 학과 분위기 익히는데 시간을 보내다 시간을 낭비하기 쉽다. 전공분야에 대한 지식을 넓힌 다음 관심 분야를 확인하고 주제를 찾아 논문을 쓰면 될 것이라고 생각한다. 잘 되면 그렇게 좋겠지만 쉽지 않다. 사람들이 나를 위해 준비해주지 않는다. 자칫 방황만 하다 시간만 보내는 경우가 허다하다.

어렵게 주제를 생각해 보아도 쓰고 싶은 의욕만 앞선 감당할 수는 주제이거나 다른 사람이 생각했던 주제이기 십상이다. 이렇게 되면 처음부터 새로 시작해야 한다. 거듭 강조하지만 선행 연구는 낸 논문 주제를 정하는 가장 중요한 출발지이다. 모든 학위논문에는 반드시 선행 연구가 포함된다. 선행 연구는 괜히 있는 것이 아니다.

논문 주제는 선행 연구에서 하지 않았던 새로운 주제를 발견하는 것이 아니다. 선행 연구에서 빠지거나 부족했던 부분을 찾아 완성하는 작업이다.

논문 주제를 정하기 어렵다면 관심 분야의 선행 연구 주제나 제목을 조합하거나 바꾸어 보아라. 방법을 제시하면 이렇다. 논문 주제의 주어, 목적, 서술어로 나누어 각각에 다른 것을 대입해 보는 것이다.

예를 들어 "북한 문학의 민족적 특성 연구"라는 선행 연구가 있다고 하자. '북한 문학', '민족적 특성', '연구'를 각각 S(주어), O(목적), V(서술어)로 놓고 다양하게 확장해 보는 것이다.

S(주어)에서 '북한'을 대치할 수 있는 것으로는 대한민국, 일본, 남북한, 남과 북, 조선시대, 이조후기, 고려시대 등이 가능하다. 논문으로 하면 '고려시대 문학의 민족적 특성 연구'라는 주제가 나올 수 있다. '문학'을 대치하여 음악, 미술, 공연예술, 문화정책, 탈춤, 문화정책, 현대시, 고전시가, 향가 등등이 가능하다. '현대시의 민족적 특성 연구', '고전시가의 민족적 특성 연구' 등의 주제가 나온다. O(목적)를 대치할 수 있는 것으로는 비교, 조사, 고찰, 특성 등등이 가능하다. '조선시대 공연예술의 민족적 특성 고찰'이라는 창의적인 논문 주제가 뽑아진다.

이렇게 여러 가지 주제를 떠 올리다보면 기존 연구에서 빠진 부분이나 분야가 나온다. 선행 연구에 연구범위가 넓었던 것을 시기를 좁혀서 집중적으로 살펴보고나 빠진 부분을 정밀하게 조사하는 논문이 나올 수 있다.

내 논문의 주제는 남북한 <춘향전>을 중심으로 현대적인 변용 양상을 살피는 것이었다. <춘향전>은 국문학계에서 가장 많은 연구가 이루어진 작품이다. 박사학위 논문만 해도 백수십편에 이를 것이다. 이렇게 많이 다루었지만 고전문학이 현대적인 장르로 분화되는 연구는 없었다. 더욱이 북한의 <춘향전>을 비교한 연구는 없었다. 선행 연구를 조사하면서 이 점에 착안해서 논문 주제로 삼았다.

다른 분야의 논문제목을 인용해도 좋다. 정치학과 교수님이 참 좋은 아이디어라고 칭찬한 논문이 있었다. 주제를 물었보았더니 '미국 외교에서 부통령의 역할 연구'라는 것이었다. 지금까지 미국외교에서 대통령의 역할에 대한 연구가 있었지만 부통령의 역할에 대한 연구는 없었다는 것이다. 대부분의 경우 '부시행정부의 외교 정책과 한미관계', '오바마 행정부의 중동외교'라는 식으로 대통령의 외교정책에만 초점이 맞추어져 있었다고 한다. 이 주제를 놓고 새로운 주제를 찾아보자.

미국 외교에서 부통령의 역할
미국 외교에서 퍼스트레이디의 역할
미국 외교에서 스포츠의 역할
한국 외교에서 한류가 미치는 영향
한국 외교에서 국가 이미지가 미치는 영향
문화 산업에서 국가 이미지가 미치는 영향

이렇게 주제를 놓고 응용한다면 참신하고 새로운 아이디어를 발견할 수 있다. 말 장난 같아 보이지만 이런 방법은 논문 주제를 잡는 최고의 훈련이다.

생각을 자유롭게 펼쳐놓고 주제를 찾다보면 주제가 다듬어진다. 논문 주제는 어느 한 순간 문득 떠오르는 것이 아니다. 비슷한 제목이나 컨셉을 찾아 가는 과정 속에서 찾아진다. 그러기 위해서는 기록과 정리가 생활화 되어 있어야 한다.

## 선행 연구에서 필요한 정보 축출하여 내 논문의 토대로 만들어라

선행 연구는 내 논문의 거름이다.

선행 연구 리스트가 만들어졌다면 다음 일은 선행 연구를 철저히 검토하는 것이다. 선행 연구를 무시하는 학생이 있다. 절대 안 될 말이다. 선행 연구를 무시하는 것은 그야말로 모래 위에 집을 짓는 것과 같다. 대학원에 와서 이런 자료 저런 자료를 접하다 보면 눈이 높아진다. 좋은 논문을 볼 줄 아는 눈은 중요하다. 좋은 논문과 나쁜 논문의 차이는 주제나 성향이 아니라 논리 구조이다. 좋은 논문과 나쁜 논문은 없다. 논리적인 논문과 논리적이지 않은 논문이 있을 뿐이다.

전공 영역에 대한 정보가 늘어나고 지식이 심화되면 비판적으로 글을 보게 된다. 필요한 일이고, 바람직한 일이다. 그러나 비판적인 독서가 전공을 심화시키는 것이 되어야 한다. 어설픈 비판보다는 연구자의 고민이 무엇인지를 추적해보고, 어떻게 해결했는지를 조사하는 태도가 필요하다. **선행 연구는 검토의 대상이 아니라 리서치의 대상이다.**

선행 연구를 검토하는 것은 선행 연구의 성과를 온전히 내 것으로 하기 위해서다.

필요한 자료나 인용문은 나중을 위해서 반드시 저장해 두어야 한다. 전공과 관련한 책이나 논문은 보는 즉시 정리해 두어야 한다. 나중에 필요한 자료를 다시 찾을 것이라는 생각은 버려라. 한 학기가 지나고 일 년이 지나면 새로운 자료들이 쏟아진다. 물론 쏟아지는 모든 자료가 유용하거나 의미 있는 것은 아니다.

선행 연구를 조사하면서 필요한 정보나 원전자료, 참고할 **모든 자료는 원문 그대로 입력해 두어야 한다.** 나중에 필요한 자료를 다시 찾을 시간은 없다. 이번이 마지막이라는 생각으로 자료를 접하고 필요한 부분은 반드시 원문그대로 저장해야 한다.

원문을 정보를 관리해야 하는 것은 다음 이유 때문이다.

첫째, **연구자의 생각과 의도를 정확히 이해하기 위해서이다.** 목적을 갖고 자료를 조사하는 것과 일반적인 독서는 차이가 있다. 기록을 염두에 두지 않고 자료를 접하는 경우에는 연구자의 구체적인 생각을 찾아내기가 쉽지 않다.

논문은 독서일지를 쓰는 것과는 다르다. 독서 감상문이라면 감상이나 평가를 몇 자 적으면 되겠지만 자료는 나중에 인용이나 참고문헌으로 활용해야 한다. 자료를 보고 비평하듯이 적어 놓으면 다음에 자료로 활용할 수 없다. 자료에 대한 평가를 하고 싶으면 원문을 그대로 기록한 다음에 자기 생각을 기록하면 된다.

자료를 읽었을 때는 충분히 이해했을 것이라고 생각하겠지만 시간이 지난 다음 다시 자료를 들여다 보면 잘못이해하거나 핵심을 잘 못 잡은 경우를 허다하게 본다. 본문을 충실하게 기록해두면 이런 잘못을 바로 잡을 수 있다. 또한 원문에서 미쳐 발견하지 못했던 의미를 발견할 수 있다.

의미를 잘 모르는 경우에도 중요하다고 한 부분을 그대로 기록해두면 나중이라도 의미를 판단할 수 있다. 기록해 두지 않고 나중에 다시 자료를 찾는 것은 시간 낭비이다. **중요한 것은 원문 정보를 확보한다는 것이다. 입력된 원문정보를 책으로 묶어 두면 필요할 때 원전의 기억을 되살릴 수 있고 자료를 활용할 수 있다.** 필요한 원문정보는 입력하였다가 출력하여 틈틈이만 보아도 선행 연구를 온전히 이해하게 된다.

둘째, 충실한 자료 읽기 습관을 기를 수 있다. 논문을 준비하면서 처음 자료를 접할 때는 자료를 읽고 기록하는 과정이 쉽지 않다. 문장에서 자료에서 어떤 것이 좋은 것인지 나쁜 것인지 옥석을 가리기가 쉽지 않기 때문이다. 하지만 기록을 위해서 필요한 자료를 찾지 위해서

줄을 긋고 읽는 과정을 몇 번 하다보면 자료를 깊이 들여다보는 습관이 들고 자료에 집중하게 된다.

문장이 좋으면 문장이 좋고, 자료가 좋으면 자료가 좋은 대로 정리하면 된다. 자료를 정리하는 과정은 처음 얼마 정도는 어렵고 답답해 보이겠지만 그 다음부터는 글 읽는 속도나 자료 정리 속도가 굉장히 빨라진다. 동시에 자료 분석 능력도 향상된다.

셋째, 각주나 인용문으로 활용하기 위해서이다. 충실한 원문 기록은 논문 작업에 필요한 각주나 인용문으로 활용할 수 있다. 논문 작성은 자기 주장에 필요한 충분한 논거와 근거가 있어야 한다. 충실한 원문 기록은 논문 작성에 필요한 각주와 참고문헌으로 활용할 수 있다. 논문 작업시 정말 필요한 자료를 찾지 못해 시간을 낭비하는 경우가 많은데, 이럴 때 원문을 기록한 파일이 있으면 이런 시간 낭비는 줄일 수 있다. 충분한 자료가 확보된 상태에서는 논문의 작성에만 시간을 집중할 수 있다.

논문의 주제를 확정하고, 관련 자료를 모으기보다는 관심분야에 대한 리서치를 통해 주제를 구체화하는 것이 실수를 줄이고, 시간을 줄일 수 있다. 심사과정에서 수정을 하더라도 관련 자료가 축적되어 있다면 새로 자료를 찾는 과정을 줄일 수 있다.

논문 작성에 필요한 참고문헌이 어느 정도인지는 학위논문 뒤편의 참고문헌을 헤아려 보면 알 수 있다. 그 정도의 참고문헌에서 필요한 정보는 한두달 정도만 공을 들이면 충분히 확보할 수 있다. 일 년이면 일반적으로 논문에 필요한 참고문헌의 10배 정도 자료를 모을 수 있다. 이 정도의 원문자료가 입력되어 있다면 관심 분야의 어떤 주제라도 소화할 수 있다.

넷째, 자투리 시간을 알차게 살릴 수 있다. 대학원 생활은 의외로 바쁘다. 공부만 할 수 있는 시간은 의외로 많지 않다. 공부하고, 자료찾고, 학과 학술활동에도 참여해야 하고, 프로젝트에서 간여하게 된다. 이 역시 학문의 과정이다. 학자로서 온전히 자료만 찾고 연구하는 경우는 없다. 학술활동도 하고, 글도 쓰고, 가르치기도 한다. 이러한 일련의 과정을 배워가는 것이다.

대학원 생활은 시간과의 싸움이다. 내 시간을 최대한 공부하는 쪽으로 끌어와야 한다. 자투리 시간에 할 수 있는 가장 효용성 높은 작업을 찾아라. 시간 여유가 있을 때 자료를 찾고, 밑줄 긋고, 집중적으로 공부하고, 시간적 여유가 없을 때는 정리한 자료를 입력하는 습관이 몸에 배어야 한다.

# 3.

# 논문의 방패 '연구 범위'

## 논문과 연구 범위

대학원은 전문가로서 지식과 소양을 배우는 곳이다. 논문에서 보아야 할 자료, 찾아야 할 자료는 철저하게 찾고, 정리해야 한다. 그 많은 것을 어떻게 다 보고 어떻게 다 찾을 수 있을까. 그럴 수는 없다.

논문에는 연구 범위가 있다. 그 연구 범위 안에서는 모든 자료를 다 찾고 보아야 한다. 연구 범위를 정하지 않으면 무한 책임을 져야 한다.

**연구 범위는 내가 아는 지식으로,**
**내가 할 수 있는 범위 안에서,**
**내가 하는 방법으로 하겠다는 양심선언이자 보호망이다.**

전문가란 관련 분야에 대해 마지막으로 책임지는 사람이다. 내가 연구한 주제에 대해서는 관련 자료를 빠짐없이 살피는 것은 기본자세이다.

북한 만화영화로 논문을 준비하던 학생이 찾아왔다. 만화영화를 분석하려고 하는데, 몇 편이나 보아야 하는지를 물었다. 대답은 간단하였다.

"전부"

"어떻게 다 보아요. 없는 것도 있는데?"

자료를 다 보는 것은 당연한 일이다. 양이 너무 많아 다 볼 수 없다면 연구 범위를 규정해야 한다.

연구 범위는 시기가 되어도 좋고, 제작처가 되어도 좋다. 가령 2000년 이후의 작품이거나 1974년부터 1998년이어도 좋다. 아니면 조선과학교육영화촬영소에서 제작한 것이어도 좋다. 의미 있는 시기나 대상을 정해야 한다. 연구 범위는 제목이나 서론에서 분명히 밝혀야 한다.

"그럼 볼 수 없는 것은 빼고 나머지 전부, 도저히 볼 수 없는 이유는 반드시 밝히는 것을 빼놓지 말고"

구할 수가 없다면 어떤 방법으로 자료를 구하였는데, 구하지 못하였다는 내용을 분명하게 밝혀야 한다. 하고자 하는 범위 안에서 대상을 빼놓아서는 안 된다.

1980년대 이후가 연구범위라면 1980년대 이후에 제작된 만화영화는 몇 편이며, 어떤 자료가 있고, 자료는 어디에 있으며, 볼 수 있는 것이 몇 편이고, 볼 수 없는 것이 어떤 것이 있으며, 왜 볼 수 없는지를 밝혀야 한다. 그래야만 다음 사람이 같은 연구를 할 때 범위를 넓히거나 분야를 정할 수 있다. 이것은 연구자로서 의무이다.

"그 많은 것을 어떻게 다 보아요?"

"글쎄 그건 내가 고민할 사항은 아니지. 나는 다만 어떤 것을 보아야 하는지를 답했을 뿐이니까. 볼 수 있는 자료가 얼마나 되는지 모르겠지만 하루에 열 편씩 보면 열흘이면 백 편, 한 달이면 삼백 편은 보겠네."

'어떤 영화를 보아야 하느냐'고 물었기에 '다 보아야 한다'고 하였다. 냉정하지만 대답은 분명해야 한다. 원칙을 제시해야 한다. 논문은 원칙으로 설득해야 한다. '좋은 작품', '훌륭한 작품', '예술적인 작품' 등의 추상적 표현은 의미가 없다. '좋고, 나쁨'이 아니라 '언제부터 언제까지'처럼 분명한 기준이 있어야 한다.

'대상이 너무 많아서 보기가 어렵다'고 했다. 그건 연구자가 알아서 해결해야 할 몫이다. 편수를 줄일 수도 있다. 그렇다면 연구 범위를 다시 정하고 밝혀야 한다. 타협 끝에 1990년 이후 만화영화로 하기로 하였다.

『조선중앙년감』과 『조선문학예술년감』을 토대로 제작 리스트를 작성하였다. 이 중에서 국내에서 접근이 가능한 자료를 정리했다. 먼저 통일부 북한자료센터에서 보유한 자료와 기타 관련 기관에서 보유한 자료를 찾았다.

전체 리스트에서 300여 편이 가능하였다. 이 과정 역시 논문의 일부가 되었다. 창작리스트와 관련 기관의 소장 현황도 중요한 정보이다. 무엇보다 분석 대상을 어떻게 정했는지를 정확히 보여주는 것이 논문의 논지를 전개하는 출발이기 때문이다.

다음은 만화영화를 보고 분석 기준에 따라 정리하였다. 처음에는 300여 편이라는 숫자에 기가 질렸다. 한 달이면 될 것이라고 하였다.

북한 만화영화의 러닝타임은 보통 7, 8분이다. 길어야 15분 정도이다. 러닝타임이 15분이라고 해도 150분이면 열 편을 볼 수 있다. 정리하는 시간을 더해도 하루 열 편이 가능하다. 하루에 열 편이면 한 달이면 300편이다. 논문 쓰는 데 필요한 기초 자료 정리가 한 달에서 두 달이면 끝난다. 이 정도의 시간을 투자하는 것이 부담스럽다면 다른 일을 찾아보는 것이 좋다.

## 4.

# 최적의 연구 방법인가

연구 방법은 논문 주제와 적실해야 한다. 꼭 맞는 것이어야 한다. '시대별 정치사회적 환경과 영화 분석'이 논문 주제라고 하자. 그렇다면 논문의 목표는 '정치사회적 환경이 영화라는 예술에 어떤 영향을 미치는 지'가 된다. 그렇다면 정치사회적 환경 분석이 있어야 하고, 영화 분석이 있어야 한다.

영화를 중심에 두고, 관련 사건을 찾아낼 수 있다. 가령 <도가니>라는 영화가 사회에 큰 영향을 미쳤다. <도가니>라는 영화가 왜 그렇게 사회에 대해 큰 영향을 미쳤는지를 분석하는 것이다.

반대로 어느 시기를 규정하고, 영화 분석을 통해 정치적 상황을 분석하는 방법이 있다. 가령 1970년대 한국 영화는 1970년대라는 시대적 상황을 벗어나기 어렵다. 1970년대의 시대상황이 영화를 통해 어떻게 드러났는지를 특징적으로 잡아내어 분석하는 것이다.

두 가지는 비슷한 것 같지만 전혀 다른 차원의 문제이다. 전자는 영화 창작의 소재로서 사회적 사건을 찾는 문제이고, 후자는 정치사회적 영향으로서 영화를 분석하는 것이다.

시대와 영화의 연관성을 분석할 때 기준은 '영향력'을 어떤 기준으로 설정할 것인가를 규정해야 한다. 중요한 것은 기준이다. 무엇을 기준으로 해도 좋다. 분명한 기준이 있어야 한다. 정부의 주요 정책발표도 좋고, 주요 5대 일간지의 연말 10대 뉴스를 중심으로 해도 좋다. 교과서의 현대사 기준을 해도 되고, 권위 있는 역사책의 기준을 빌려와도 된다. 아니면 방송언론의 보도를 기준으로 해도 된다. 그것이 왜 타당한지를 분명하게 밝혀야 한다.

기준 단위 역시 마찬가지다. 10년 기준으로 해서 1980년대, 1990년대, 2000년대 등으로 해도 되고, '4.19', '5.16', '386' 등의 특정 세대를 기준으로 해도 된다. 거듭 말하지만 중요한 것은 기준과 원칙의 일관성을 견지하는 것이다.

논문에서는 방법이 적절해야 한다. 요리 할 때도 주재료와 다른 식재료의 궁합이 맞아야 하듯이 분석대상과 방법이 맞아야 한다.

도상현상학으로 작품을 분석하는 사람이 인상파 화가의 작품을 분석할 수는 없다. 행위자 분석을 활용하여 심리분석을 하는 것도 적절하지 않다. 정신분석학으로 하는 것이 훨씬 정교한 분석이 가능하기 때문이다.

논문 심사의 핵심도 분석 대상과 분석 방법이 적절한 가를 판단하는 것이다. 음식으로 치면 맛이 있다고 통과하는 것이 아니라 요리의 특성에 맞추어 재료를 활용하였는가를 평가한다. 두부로 요리 할 때도 전골에 넣을 때는 넓게 잘라서 넣고 찌개를 끓일 때는 깍뚝썰기를 한다. 생선이라도 횟감용이 있고, 찌개용이 있고, 조림용이 있다. 각각의 특성과 재료에 따라서 적절하게 다룰 수 있어야 한다.

논문심사는 한 편의 잘 쓰여진 논문을 보는 것이 아니라 다른 주제로도 그 정도 수준의 논문을 쓸 수 있느냐를 판단하는 것이다.

# 제4부

# 자료의 수집과 관리

# 1.

# 자료는 얼마나

## 논문의 시드머니, 자료 데이터

논문 한 편으로 학계를 뒤집기도 한다. 하지만 그런 경우는 기대하지 않는 것이 좋다. 인문사회 계열에서는 그런 논문을 기대하기는 정말 어렵다. 그런 정도의 논문이라면 뉴스에도 나오는 정말 특별한 경우이다. 사실상 불가능에 가깝다.

논문은 절대적인 시간이 필요하다. 하늘 아래 새로운 주제는 없다. 학문적 발전이란 기존의 연구 성과의 모자란 부분을 하나 추가하는 것이다. 학문적 발전에서 획기적인 도약이나 비약적 발전은 그야말로 드문 일이다. 특히 인문과학이나 사회과학에서는 더욱 그렇다.

그렇다면 논문을 쓰기 위해서는 어느 정도의 자료가 있으면 될까?

영화를 만든다고 생각해 보자. 90분 길이의 영화를 만들기 위해서 필요한 시간은 얼마나 될까. 아름다운 한 장면을 찍기 위해 준비하는 시간은 얼마나 걸릴까. 장소도 헌팅해야 하고, 사전 양해도 구해야 하고, 리허설도 해야 하고, 연기도 해야 한다. 촬영장에서도 NG가 나면 몇 번이고 다시 찍어야 한다. 그렇게 해서 장면 장면이 만들어진다.

논문도 다르지 않다.

물론 다다익선이다. 논문과 관련한 자료는 많으면 좋다고 해서 무한정 많을 수는 없다. 대학원에서 시간은 한정되어 있다. 어느 정도 자료를 모으고 생각이 정리되면 논문을 작성해야 한다.

사업을 하려면 먼저 종자돈(Seed Money)부터 모아야 하듯이 논문을 쓰기 위해서는 관련 자료를 잘 모아야 한다. 논문에서 종자는 자료이다. 논문을 쓰기 위해서는 먼저 기본적인 자료들을 충실히 모으고 정리해야 한다. 자료에 대한 충분한 조사와 정리 없이 논문을 시작하는 것은 운전을 배우지도 않고 차를 운전하는 것과 같다.

자료는 얼마나 모아야 할까? 많으면 많을수록 좋다. 다다익선이다. 작은 돈을 모아본 적이 없는 사람은 큰 부자가 될 수 없다. 눈사람을 만드는 것도 작은 눈덩이를 만드는 것부터 시작한다. 논문은 결코 운으로 쓸 수 있는 것이 아니다. 아직 배움이 모자라고 학문하는 과정에 있다면 자료를 모으고 정리해야 한다. 논문 심사를 하면 보아야 할 자료를 보았는지, 보지 않았는지는 금방 드러난다.

하지만 막연히 많이 하겠다는 열정으로 시작하는 학생이 있다. 열정은 높이 살 만 하지만 이런 방법은 지양하는 것이 좋다. '많이 한다'는 기준은 없다. 논문에 필요한 자료를 정리할 때는 구체인 목표를 설정하라. 나는 새로운 글을 쓸 때는 20개를 기준으로 한다. 연구 주제와 관련한 최대한 가까운 논문부터 시작하여, 20개의 논문을 정한다. 기간은 한 달로 한다. 한 달 안에 20편 논문 보기를 1차 목표로 한다.

한 달이라는 시간 목표와 20편이라는 양적 목표에서 중요한 것은 한 달이라는 시간 목표이다. 20편을 다 보지 못하더라도 본 자료를 정리하고, 논문 구성을 시작한다. 논문을 쓰면 처음 예상했던 결론에 이르는 경우는 많지 않다. 처음 정한 가설과 경로는 가설일 뿐이다. 논문은 논문의 체계와 원리에 따라 움직이는 자율성이 있다. 억지로 내 의도대로 가려고 하는 것은 주장이 된다. 아니면 억지가 된다.

논문 작성 과정에서 필요한 연구자료들이 나온다. 처음 20편의 논문은 논문 주제와 관련한 구체적인 정보를 위한 것일 뿐이다. 새롭게 보아야 할 자료에 맞추어 2차로 검토할 자료들이 나온다.

논문 심사를 하면서 참고문헌도 확인한다. 참고문헌을 확인하는 것은 충분히 관련 분야의 연구를 참고하였는지를 살피기 위해서이다. 자료를 보면 황금을 본 듯이 챙겨야 한다.

연구 논문이나 학술 성과를 참고로 할 때에도 최대한 모든 자료를 다 찾아야 한다. 학위논문이나 전문 학술 논문, 단행본 정도까지는 모두 찾아야 한다. 내가 못 찾으면 다른 사람도 찾을 수 없다는 정신 자세가 필요하다.

논문 작성에 필요한 분량의 10배 정도의 자료가 모이면 준비되었다고 할 수 있다. 10배라고 한다면 과하다고 생각할 수도 있다. 그렇지 않다.

논문은 어떤 일이 벌어질지 모른다. 처음 예상했던 대로 잘 가지 않는다. 주제를 변경해야 하는 일도 있고, 새로운 방법론을 적용해야 할 때도 있다. 논문은 내 뜻대로 되지 않는다. 논문 심사가 시작되면 거의 새로 쓰는 공력이 필요하다. 논문과 관련한 준비가 충분해야 하는 이유이다.

대학원에서 강의할 때는 자기 논문 주제와 관련한 자료 DB를 과제로 낸다. A4지로 100매를 작성하도록 한다. 이 정도의 자료를 준비하는 데 일반적으로 한 달도 걸리지 않는다.

양이 많다고 생각하고 겁부터 먹는다. 그럴 필요 없다. 하루 정도면 관련 분야의 학술논문집 한두 권은 정리할 수 있다. 학술논문집에 10편 정도의 논문이 있는데, 한 편의 논문에서 한 페이지 정도 원문을 정리한다면 하루에 10장 정도는 채울 수 있다. 이렇게 한 달만 하면 좋은 논문이 무엇인지, 필요한 자료가 무엇인지를 가리는 판단력이 엄청나게 향상될 것이다.

자료를 모으는 것은 다른 방법이 없다. 대학원 수업에서 발표하거나 기말 과제를 작성할 때마다 정리하는 효율성이 좋다. 많은 자료를 읽고 기록해야 한다.

기록한다는 것은 정리한다는 것과 다르다.

일단 기록해야 한다. 기록한다는 것은 논문에 직접 활용할 자료를 있는 그대로 기록하는 것이다. 정리하는 것은 논문이나 책을 읽고 생각을 나름대로 정리하는 것이다.

기록하라고 하는 이유는 분명하다. 논문 작성에 필요하기 때문이다. 논문은 창의적인 생각을 자유롭게 나열하는 글쓰기가 아니다. 어떤 주장을 하든 그 주장에 타당한 논거를 찾아 증명해야 한다. 논거는 정확해야 한다. 권위가 있어야 한다. 권위가 있다는 것은 검증되었다는 것이다.

학술지에 게재된 논문은 검증된 논문이다. 학술지는 학술지의 등급이 있다. 학술지는 투고할 자격이 있는 사람이 투고한 논문을 엄격한 심사를 통과한 것이다. 즉 공인된 글이다. 논문은 이른 글을 논거로 삼아 주장을 전개하는 것이다. 따라서 논문이나 책을 읽으면서, 나오는 개념이나 표현, 자료는 반드시 나중에 논거의 자료로 활용할 수 있도록 정확하게 기록하는 것이다.

일단 논문을 쓰기 시작하면 다시 자료를 찾거나 참고문헌을 뒤지는 시간은 없어야 한다. 논문의 맥이 끊어진다. 손안에 충분히 정리된 자료를 갖고 논문을 쓰는 것과 쓰면서 자료를 찾는다는 것은 엄청난 차이다. 논문을 쓰면서 필요한 부분, 원하는 위치에 적절한 자료를 배치하기 위해는 다양한 자료가 준비되는 것은 당연하다.

## 2.

# 나만의 자료 정리 기술을 익혀라

### 자료는 원문 그대로 기록해 두어야 한다

논문의 출발은 자료를 모으는 것이다. 책을 보거나 관련 자료가 있다면, 원문을 기록해야 한다. 책을 읽은 다음 읽은 내용을 요약 정리하는 것이 아니라 원문 그대로 입력하라. 책을 읽고 감상문이나 평가를 기록하는 것은 정작 논문을 쓸데 도움이 안 된다.

관련 자료는 논문의 인용문이나 각주로 사용할 수 있어야 한다. 인용문으로 활용하기 위해서는 정확한 데이터가 필요하다. 내용에 대한 요약이나 평가는 축약된 원문을 읽고 나중에 해도 늦지 않다.

시간을 효율적으로 사용하는 방법의 하나는 시간이 있을 때 자료나 책을 읽으면서 필요한 부분에 밑줄을 그었다가 짬짬이 시간이 날 때는 밑줄 그은 부분을 그대로 입력해 두었다. 정히 시간이 없으면 다른 사람에게 부탁해도 된다. 이렇게 정리한 것을 모아서 출력해 두면 관련 분야의 자료를 모은 나만의 자료집이 된다.

자료집을 보면 책을 두 번 이상 읽는 효과가 있다. 또한 처음에 몰랐던 새로운 의미를 발견하기도 한다. 읽은 자료나 책의 내용을 요약하거나 정리해 보기도 하였지만 시간이 지나면서 원문의 정확한 의미를 파악하지 못해 애태운 적도 많았다.

중요한 부분을 원문 그대로 기록해 두면 시간이 지나도 다시 볼 수 있고, 원문을 읽다 보면 앞뒤 문맥이 이어지면서 자료의 의미들 되새길 수 있다. 이런 식으로 노트를 정리한 다음 논문을 작성할 때 때로는 인용문으로 때로는 각주로 활용되었다. 예전에 읽었던 자료를 다시 뒤지고, 인용 페이지를 찾지 못해 허둥거리는 시간을 절대적으로 절약해 준 것은 두말할 필요가 없다.

## 메모하는 루틴을 만들자

메모를 잘하는 사람치고 실패하는 사람은 없다. 성공한 사람들의 공통점 하나는 '메모를 잘한다'는 것이다. 아이디어가 떠오르거나 인용할 정보를 발견하면 현장에서 메모하여 잊어버리지 않도록 항상 기록할 수 있어야 한다.

책을 읽으면 책의 내용을, 회의가 있다면 회의 내용을 기록하라. 메모지가 손에서 떠나지 말아야 한다. 단순히 기록하는 것도 나쁘지 않지만 이왕이면 효율적으로 관리하는 기술 배우기를 권한다. 메모 기술과 관련한 책 한 권 정도 섭렵하는 것은 효율적인 메모에 큰 도움이 된다.

나카지마 다카시는 『성공하는 사람들의 메모하는 방법』은 유용한 메모 방법을 소개한다. 다카시에 의하면 메모는 단순한 기록이 아니라 가치를 발견하는 방법이며, 목적을 갖고 정보를 정리하는 것이다.

예를 들어 전화를 받아 내용을 받아 메모하는 것과 전화를 받으면서 내용을 기록하는 것은 물론 발신자의 태도나 언술 분위기를 기록하는 것은 엄청난 차이가 있다고 말한다.

자료는 잘 정리하는 것도 중요하지만 잘 이용하는 것은 더 중요하다. 자료를 정리하는 것도 기술이다. 자료를 정리하는 기술은 하루아침에 이루어지지 않는다.

우선은 자료를 정리하는 습관부터 익히는 것이 좋다. 자료를 정리하는 습관을 갖다보면 자료에 대한 변별력이 생긴다. 처음 자료를 접할 때에는 무엇이 중요한지, 얼마나 중요한지를 모른다. 하지만 자료를 정리하다보면 자료 가치에 대한 판단력이 향상된다.

다카시는 효율적인 기록을 위하여 몇 가지 암호를 사용한 메모 방법을 소개하였다. 예를 들면 다음과 같은 것이다.

= : 문자그대로

→ : 인과 관계나 상관관계를 의미

? : 글쎄 과연 그럴까

- : 연관성이 있다

→← : 의견 갈등

W H : 시간을 나타낸다. 한 주일, 시간

※ ★ : 핵심이나 포인트

『메모의 기술』 저자 사카토 겐지 역시 메모의 중요성을 강조하면서 자신만의 메모 방식을 소개한다. 사카토 겐지는 역시 약어나 기호를 활용하여 메모를 효율적으로 사용하는데, 메모에 필요한 이런 약어는 오랜 메모 경험에서 나온 것이었다. 메모를 꾸준히 하다 보면 자신만의 메모 관리 요령을 익히게 된다. 우선 메모하는 습관을 기르는 게 중요하다. 메모는 논문뿐만 아니라 일상에서도 큰 도움이 될 것이다.

나는 메모지 겸 수첩으로 표지가 두툼한 스프링 노트를 애용한다. 표지가 두툼하여서 받치고 쓰기 편하다. 노트이기 때문에 편하게 메모할 수도 있고, 책의 내용을 정리하거나 논문 아이디어를 기록하기도 한다. 맨 위에 날짜를 쓰고는 쓰기 편한 대로 써 나간다. 어떤 날에는 세 장을 쓰기도 하고, 어떤 날에는 몇 줄을 채우지 못하기도 한다.

메모 내용도 다양하다. 그날 통화한 내용이며, 해야 할 일을 적기도 하고, 논문 아이템을 적기도 하고, 그날 있었던 주요 사건을 간단하게 기록하기도 한다. 때로는 회의 정리용으로, 때로는 낙서장으로 이용한다.

꼼꼼하게 정리하면서 기록하기보다는 생각이 막히지 않게 자유롭게 기록한다. 손으로 기록하면서 아이디어가 생겨나고, 생겨난 아이디어는 새로운 논문을 쓸 데 큰 도움이 되는 것은 물론이다. 이렇게 기록한 메모들은 지하철에서 좋은 읽을 거리가 된다. 짬짬이 들여다 보는 것으로도 여러 아이디어를 얻을 수 있다.

어떤 경우라도 일이 있는 곳에는 반드시 메모가 있다는 것을 명심하라. 펜이 없으며 카메라로 기록할 수도 있고, 녹음기를 이용할 수도 있다. 급하게 기록해야 할 내용이라면 카메라로 찍는 것도 방법이다.

## 3.

# 나만의 DB를 구축하라

당신이 충분한 증거가 없는 것은 말하지 마라

- 이성범, 『소통의 화용론 : 커뮤니케이션에 대한 화용적 접근』, 한국문화사, 2016, 117~118쪽.

대학원은 학문을 연구하는 곳이다. 대학원 생활도 논문 작성이 목적이다. 학과 발전을 위해서 일했다거나 좋은 네트워크를 구축했다는 것은 대학원의 본질이 될 수 없다. 어떤 일을 해도 논문을 쓰지 못하면 의미가 없다. 논문을 잘 쓰기 위해 시간을 보내는 곳이다.

논문을 잘 쓰기 위해서는 자료가 풍부해야 한다. 풍부한 자료는 논문을 쓰는 기본 자료이다. 논문을 준비하는 것 뿐만이 아니라 논문을 수정하고, 발전시켜 나가는 데 필수적인 요소이다. 논문 심사에 들어가면 이런저런 수정 과정이 있다. 짧은 시간에 수정해야 한다. 이런 경우 충분한 자료가 축적되어 있다면, 압축적으로 시간을 활용할 수 있다.

## 논문 분야와 관련한 충분한 자료들은 충분히 축적해 두어야 한다.

논문의 주제와 관련한 기본 자료 DB는 필수 요건이다. 논문과 관련한 자료를 공부하는 이유는 지식을 넓히고, 논문에 필요한 구체적인 정보를 관리하기 위해서이다. 읽었던 내용을 정확히 기억할 수는 없다. 논문을 정리하는 시간이 되면 읽었던 자료를 최대한 활용해야 하는데, 자료가 어디에 있는지 몰라서 다시 찾는 것은 굉장히 비효율적인 일이다. 한눈에 찾을 수 있는 곳, 잘 정리된 데이터 자료를 활용하는 것이 시간을 줄이는 방법이다.

자료를 정리하는 원칙은 앞서 언급하였듯이 철저하게 원문을 기록해 두는 것이다. 다시 말하지만 자기 생각을 정리하는 것은 별로 좋은 습관이 아니다. 나름대로 읽었던 책이나 논문을 자기 시각으로 다시 평가하고 싶다. 하지만 그렇게 해 봐야 별로 쓸모가 없다. 논문을 쓰면서 필요한 부분을 인용하고자 해도, 각주로 활용하고자 해도 원문 그대로가 아니면 소용이 없다.

글이나 자료는 배운 만큼 보이는데, 배움에는 정도가 있다. 처음 얻은 생각이 나중까지 유지되는 경우는 거의 없다. 원문을 그대로 기록한 것을 보면 새로운 아이디어가 떠오르거나 보이지 않았던 부분도 보이게 된다.

원문을 기록할 때는 분류코드(분야), 분류참고, 책제목이나 논문제목, 출전(출처), 서지사항(출판사, 출판연도), 학회명, 학술지명, 원문, 관련 자료, 참고사항 등으로 나누는 것이 좋다. 이것을 참고로 자신에게 맞는 방법을 선택하면 된다. 본보기로 예시하면 다음과 같다.

<table>
<tr><td>

**〈대장금〉, 아시아 문화교류의 다리**

출처 : 홍길동, 『문화, 세계와 소통하기』, 홍판서 외 지음, 한류문화출판사, 2008. 12. 30.

51쪽 : 〈대장금〉은 아시아 문화 교류의 중요한 콘텐츠가 되고 있다. 〈대장금〉의 문화적 코드는 음식과 사랑이다. 음식을 소재로 남녀의 사랑을 그린 드라마이다. 음식이 문화의 소재로 사용되는 것은 인간의 기본적인 욕망과 관련되기 때문이다. 먹거리로서 음식은 본능을 의미하며, 테이블 위에 올려진 음식은 문명, 문화를 상징한다. 어떤 식재료를 이용하고, 어떻게 가공하고, 어떻게 먹느냐에 다라서 문명의 정도, 문화의 특성이 드러난다.

52쪽 : 해당 텍스트에 대한 자료 수집, 커뮤니티 결성, 텍스트에 대한 비평, 코스프레, 팬픽은 물론 심지어 오마주에 이르기까지 향유활동은 매우 다양하게 경쟁적으로 나타난다. 이 과정에서 비판적인 의견도 개진될 수 있지만, 결과적으로는 해당 텍스트에 대한 인지도와 충성도만을 높여줄 뿐이다.

53쪽 : 한국 문화콘텐츠에는 미국적 요소와 일본적 특성들이 폭넓게 '표

</td></tr>
</table>

절' 혹은 '차용'이라는 형태로 이요되고 있으며, 이러한 혼성화는 친근감이라는 형태로 나타난다.

※ 음식을 소재로 문화현상을 분류 한 것은 좋은 아이디어.....

<table>
<tr><td>분류</td><td colspan="2">문화</td><td>분류참고</td><td>대중문화, 방송극</td></tr>
<tr><td rowspan="2">논문정보</td><td>제목</td><td colspan="3">〈대장금〉, 아시아 문화교류의 다리</td></tr>
<tr><td>저자</td><td colspan="3">홍길동</td></tr>
<tr><td rowspan="2">서지정보</td><td>서명</td><td>문화, 세계와 소통하기</td><td>저자</td><td>홍판서 외 지음</td></tr>
<tr><td>출판사</td><td>한류문화출판사</td><td>출판일</td><td>2008. 12. 30</td></tr>
<tr><td>내용요약</td><td colspan="4">〈대장금〉 인기 비결과 인기 요인 분석</td></tr>
<tr><td>원문정보</td><td colspan="4">51쪽 : 〈대장금〉은 아시아 문화 교류의 중요한 콘텐츠가 되고 있다. 〈대장금〉의 문화적 코드는 음식과 사랑이다. 음식을 소재로 남녀의 사랑을 그린 드라마이다. 음식이 문화의 소재로 사용되는 것은 인간의 기본적인 욕망과 관련되기 때문이다. 먹거리로서 음식은 본능을 의미하며, 테이블 위에 올려진 음식은 문명, 문화를 상징한다. 어떤 식재료를 이용하고, 어떻게 가공하고, 어떻게 먹느냐에 따라서 문명의 정도, 문화의 특성이 드러난다.</td></tr>
</table>

| | |
|---|---|
| | 52쪽 : 해당 텍스트에 대한 자료 수집, 커뮤니티 결성, 텍스트에 대한 비평, 코스프레, 팬픽은 물론 심지어 오마주에 이르기까지 향유활동은 매우 다양하게 경쟁적으로 나타난다. 이 과정에서 비판적인 의견도 개진될 수 있지만, 결과적으로는 해당 텍스트에 대한 인지도와 충성도만을 높여줄 뿐이다.<br><br>53쪽 : 한국 문화콘텐츠에는 미국적 요소와 일본적 특성들이 폭넓게 '표절' 혹은 '차용'이라는 형태로 이용되고 있으며, 이러한 혼성화는 친근감이라는 형태로 나타난다. |
| **평가·참고** | 음식을 소재로 문화현상을 분류 한 것은 좋은 아이디어..... |

이렇게 정리하다 보면 틈틈이 남는 시간을 활용할 수 있어서 효율적이다. 몇 번을 강조한다. 시간이 중요하다. 대학원은 시간 싸움이다. 대학원 생활을 잘하는 것은 공부하기 싫은 시간, 집중할 수 없는 틈새 시간을 활용하는 데 달렸다.

집중할 수 있는 시간이 부족할 때, 짬짬이 시간을 활용할 때는 자료를 무조건 입력하는 것이다. 한 페이지 입력하는데 십 분이면 충분하다. 하루 두 시간이면 12쪽의 자료가 쌓이고, 열흘이면 출력해서 들고 다닐 정도의 자료집이 만들어 진다. 이 정도로 준비해 두면 논문의 절반은 다 썼다고 할 수 있다.

## 자료 정리의 원칙

자료를 정리할 때는 몇가지 원칙을 정해야 한다. 원칙이라고 해서 특별한 것은 아니지만 원칙이 없으면 정리된 자료를 활용할 때 사소한 문제 때문에 활용하지 못할 수도 있다.

① 원문은 원문 그대로 입력한다. 해당 페이지를 쓰고 원문그대로 입력한다. 띄어쓰기, 맞춤법 등은 원문의 상태 그대로 한다.

> 26쪽 : 대부분의 사회에서 여성의 지위는 남성보다 낮다. 여성들은 여러 가지 사회적 속박을 받아왔으며, 여자가 하는 일은 남자에 비해 주목을 받지 못하였다.

② 입력하는 단위는 단락을 원칙으로 한다. 중요한 부분만 인용하는 것은 앞뒤의 맥락을 놓칠 수 있다. 해당 페이지를 쓰고, 단락 단위로 원문을 입력한다. 단락 전체를 입력하는 것을 우선적으로 하되, 단락의 중간부터 시작하거나 중간을 생략할 수 있다. 단락의 도입부가 불필요한 경우에는 단락의 중간부터 입력할 수 있다. 단락의 중간을 생략하는 경우에는 '……'로 표시한다.

> 49쪽 : 빈곤을 이해하는 데 있어서 가장 많이 언급되는 것이

절대빈곤과 상대빈곤의 개념이다. … 극빈층은 불규칙한 노동, 질병, 많은 부양자녀 등으로 인해 빈민보다 더 가난한 경우이다.

③ 한 페이지에서 내용이 바뀌면 한 행을 비우고, 별도로 페이지를 표시하고 정리한다.

274쪽 : 문제는 한국 애니메이션 서사다. 열악한 자본과 유통망에도 불구하고 일본 애니메이션이 세계시장에 진입할 수 있었던 것은 서사에 그 이유가 있다. 한국 애니메이션이 세계시장에서 외면당하는 가장 큰 이유 역시 서사다.

274쪽 : 애니메이션의 장르적 특성에 대한 충분한 이해와 한국 애니메이션에 대한 뚜렷한 인식을 토대로 해야 한다.

④ 하나의 단락이 두 페이지에 걸쳐 있을 때는 해당 페이지를 모두 쓰고, 페이지가 바뀌는 첫글자 앞에 '/'를 하여 페이지를 구분한다. 나중에 원문을 인용할 때 양쪽 페이지를 모두 인용할 수도 있지만 한 페이지만 인용할 수도 있는데, 어디서 쪽이 나뉘는지를 알지 못하면 다시 책을 찾아 확인해야 한다.

326-327쪽 : 가장의 실직이 생계비와 자녀교육비의 부족을

야기했고 이는 가족원들에게 상당/한 스트레스를 주어 실직 부부간의 갈등은 물론 실직 부모와 자녀 간의 관계에도 부정적인 영향을 미친다는 것을 말한다. 이런 점에서 가장의 실직은 실직 그 자체에서 문제가 그치는 것이 아니라 가족 전체에 영향을 미친다는 점에서 빈곤 해결의 가장 중요한 고리가 된다.

# 제5부

# 목차 정하기

# 1. 논문은 '주장'이 아닌 '설득'

명료하게 말을 하라.

애매한 표현을 피하라.

중의성을 피하라.

간단하게 말하라(불필요한 장광설을 피하라)

순서대로 말하라.

- 이성범, 『소통의 화용론 : 커뮤니케이션에 대한 화용적 접근』, 한국문화사, 2016, 118쪽.

논문은 생명이 있어야 한다. 목소리가 없는 논문은 죽은 논문이다. 논문 주제와 관련한 많은 자료를 잘 정리하는 것을 논문으로 생각하는 경우가 많다. 이것은 보고서이다.

보고서라면 더없이 좋은 것인데, 논문으로서는 높은 점수를 받지 못한다. 거칠더라도 자료를 통해 얻고자 하는 연구자의 결론이 있어야 한다. 양이 중요한 것이 아니라 자신의 목소리가 중요하다. 자기주장이 없는 글은 생명이 없는 글이다. 논문의 가치, 정보의 가치는 주어지는 것이 아니라 만들어 가는 것이다.

학생들이 수업을 끝내고 집으로 갈 때 어떤 먹거리를 찾을까. 떡볶이, 어묵, 순대, 토스트… 등은 일반인들에게는 별로 중요한 문제가 아닐 것이다. 그렇지만 학교 앞에서 분식집을 하려는 사람에게는 더없이 귀한 정보가 된다. 돈을 주고서라도 그런 정보를 살려고 할 것이다.

내가 쓴 논문은 나를 위한 것이 아니다. 다른 사람들이 내가 쓴 논문을 보고 참고한다. 이들이 시간을 투자하여 얻으려고 하는 것은 무엇일까? 그것 역시 정보이다. 논문은 내 글이 아니다. 논문은 내가 알고 있는 것을 잘 쏟아내서 정리하는 것이 아니다. 다른 사람을 위한 정보를 제공하는 것이다.

설정한 가설이 반드시 입증되지 않아도 된다. 자신이 설정한 가설이 실제 어떤 차이를 보이는지, 어디가 잘못 되었는지를 밝히는 것으로도 가치가 있다. 왜냐하면 그 실패의 원인과 잘못 자체가 중요한 것이 아니라 같은 문제를 고민하는 사람들에게 유용한 정보가 되기 때문이다. 안되면 안되는 대로 원인을 분석하고 방법을 제안한다면 그 나름의 가치가 있는 것이다.

또한 결론이 같아도 방법이 다르면 된다. 어떤 주제를 설명하기 위하여 앞선 방법과 다른 방법으로 시도해 보았는데도 결론은 같았다고 하여서 잘못된 것이 아니다. 특허의 경우를 생각해보자 같은 물건을 만들더라도 방법상의 차이가 인정되면 특허로서 공인을 받는다.

논문으로의 가치는 설득력에 달려 있다. 잘 만든 상품도 팔리지 않으면 상품으로서 가치가 없다. 그렇다고 그 물건이 가치가 없다고 단정할 순 없다.

한때 모기업에서 '명품'이라는 것을 브랜드로 내세운 적이 있었다. 명품은 좋은 물건이기는 하지만 기업에게 필요한 상품은 아니었다. 기업에게 좋은 물건이란 많이 팔리는 물건이지 최고로 좋은 물건은 아니다. 많이 팔리는 수 십 만원짜리 텔레비전이 좋은 상품이었지, 몇 대 팔리지도 않을 최고 기술의 수 천 만원하는 텔레비전이 아니었다.

명품은 이런 사고의 전환을 가져왔다. 양복 한 벌을 만드는데, 가격이 얼마가 들더라도 최고 품질의 양복을 만드는 것이다. 수 천 만원짜리 양복은 팔리지는 않더라도 그 회사의 이미지를 높여주고 신뢰감을 높여준다. 수 천 만원하는 양복을 만들 수 있는 회사, 출발해서 5초 만에 100m를 달릴 수 있는 차는 실생활에서 사용되는 가치보다 회사의 이미지를 높여주는 제품으로 가치가 있는 것이다.

논문으로서의 가치는 자신이 만들어내고 설득해야 한다. 반드시 좋은 주제, 거창한 주제가 아니어도 된다. 가까운 자동차 판매장에 들려만 보아도 알 수 있다. 소형차에서부터 대형차에 이르기까지 다양한 차종들이 있다. 판매원들은 나름대로 자동차의 가치를 설명한다. 각각 어떤 장점이 있는지를 설명한다.

슈퍼카 : 슈퍼카라면 '선택적 고객'만이 탈 수 있다고 설명할 것이다. 이 차는 최고의 명품이다, 아무나 탈 수 있는 것은 아니다, 이 정도는 되어야 상류층이라고 할 수 있다, 이 차는 어떤 연예인이나 유명인 누가 타는 차이다. 등등이 설득논리가 될 것이다.

대형 차량 : 성공한 이미지를 강조할 것이다. 성공한 겸손한 사람이나 성공한 실속 있는 사람들이 타는 차, 합리성을 추구하는 사람의 차, 사회적 지위를 고려하라, 고객의 나이에 맞는 세대에서 가장 많이 선호하는 차 등등이 설득 논리가 될 것이다.

중형 차량 : 사회적 지위가 있으면서도 실용성을 앞세우는 패밀리카, 내실 있는 이미지, 다양한 활용 공간, 합리성 등이 주요 설득 논리가 될 것이다.

소형 차량 : 경제성과 대중성이다. 대형차에서 말하지 않았던 가성비, 운행유지비, 최근의 유가, 중형차 못지않은 편의성과 사용 등으로 어필할 것이다.

경차 차량 : 경제성, 운전의 용이성, 주차 편의, 경차만이 누릴 수 있는 혜택 등으로 접근할 것이다.

직원은 여러 이유를 갖고서 설명할 것이다. '경차 사러 갔다가 대형차를 사게 된다'고 하지 않는가. 어떤 차를 선택하든 직원이 하는 모든 설명의 결론은 단 하나이다. '이 차가 좋다', '이 차가 바로 당신이 원하는 차이다'는 것이다. 이유는 차량 배기량이나 종류에 따라서 다양하다.

우리 회사 차는 ( ) 좋다

- 연비가 좋아서
- 안전성이 좋아서
- 디자인이 예뻐서
- 편의장치가 잘 갖추어져 있어서
- 가격이 저렴해서
- 유지비가 적게 들어서
- 실내공간이 넉넉해서
- 오래오래 탈 수 있는 내구성이 높아서
- 할부제도가 잘 되어 있어서

직원은 어떻게 자신의 주장을 구체적으로 뒷받침하는지 생각해보자.

우리 회사 차는 ( ) 좋다

만약 자동차의 연비가 장점이라면 '연비가 좋다'는 것을 강조할 것이다. "공인 연비가 리터당 20Km입니다. 동급 차량 가운데 단연코 최고입니다."라는 점을 어필할 것이다.

만약 연비는 좀 떨어지지만 '안전성이 좋다'면, "자동차 충돌 테스트에서 최고 등급을 받았습니다"라고 설득할 것이다.

자동차가 이쁘고, 디자인이 좋다면, 아마 국제 디자인상 수상 이력이나 고객의 세대들이 가장 많이 찾는 자동차라는 점을 어필할 것이다.

'편의장치'가 장점이라면, "레저 활동에 맞추어서 관련 장비를 실을 수 있"다는 점이나 자동차의 다양한 기능과 편의장치에 초점을 두고 설명할 것이고, 실내 공간이 넓다면, 공간을 강조할 것이다.

경제적인 장점으로 파고들 수도 있다. 가격 경쟁력이 있다면 다른 어떤 것보다 경제성을 강조하면서, 합리적인 소비자로 보이도록 설득할 것이다. 자동차의 가격을 설명하면서도 '싼 자동차'가 아닌 '가성비'를 강조할 것이다. 동급 차량과의 구체적인 가격 비교와 불리하지 않은 스펙이나 기능이나 옵션을 앞세울 것이다.

유지비 역시 설득의 요인이 된다. 구체적으로 '월 유지비는 얼마나 드는지', '주차장에서 할인받을 수 있는 장점'으로 어필할 것이다. 내구성으로 어필 할 수 있다. '오래오래 탈 수 있는 내구성'이 높고, '싫증 나지 않는 검증된 모델'이라는 점, '자동차 재질의 차이, 신모델로 앞으로 몇 년 동안은 생산될 것'이라는 점, 행여나 새로운 모델이 나와도 부품

교환의 불편이 없을 것이라는 점으로 설득할 것이다. 흔들린다면 '할부제도'를 권할 것이다. '이율이나 이자 혜택'으로 이 차를 사지 않으면 손해볼 것처럼 설득할 것이다.

그렇다면 차를 사려는 사람은 판매 직원의 말을 100% 신뢰할까? 그렇지는 않다. 당신이 가지고 있던 정보와 비교한다. 인터넷을 검색하면서 차에 대한 정보를 들었고, 유튜브를 통해서 장단점을 파악하고 있다. 여러 질문 하면서 어떤 차종을 선택할지를 결정한다.

만약 당신이 자동차 전문가라면 소개의 허점을 찾아낼 수 있을 것이다. 가령 '국제 디자인상 수상'을 통하여 우수한 디자인을 인정받았음을 강조한다면 '그 상이 별로 권위 있는 상이 아닌데'라고 반문할 수도 있을 것이다. 이러한 반론에 대해서 그 상이 얼마나 오래된 상인지, 주체하는 단체가 어디인지, 세계적인 유명 디자이너도 상을 받았던 사실 등을 강조하면서 국내에서는 국제적인 상으로 처음 받았다거나 연속 받았다는 것을 강조한다면 신뢰가 갈 것이다.

문화콘텐츠로 돌아가 보자. '한국 만화영화 산업의 전망'을 주제로 논문을 쓴다고 하자. 자기 생각을 구체적으로 풀어보자.

> 한국 문화영화는 ( ) 잘될 것이다.
>
> - 재미있어서
> - 국가의 지원제도가 좋아서

- 우수한 인력이 많아서
- 소비계층이 넓어서
- 오랜경험이 축적되어서
- 기술력이 좋아서
- 연관 산업과의 연계가 잘 되어서

앞서 하였듯이 질문을 만들어 보고 그 질문에 대한 답변이 되는 근거를 어떻게 찾을지 답을 달아 보자.

① 흥미 : 재미가 있어서 잘될 것 같다

그렇다면 재미가 무엇이고, 예전과 비교해서 어떤 점이 재미가 있어 졌는지를 따져보자. 스토리가 탄탄해졌다. 캐릭터가 다양하다 등등의 요인을 찾아보자. 통계나 설문을 활용하거나 관련 기사를 근거로 추론할 수 있다.

② 정책 : 국가의 지원제도가 좋아서 잘될 것 같다

국가의 지원이 어떤 분야에 지원되는지, 지원제도는 어떤 것이 있는지, 지원이 언제부터 시작되었고, 성과는 언제부터 확인되는지를 근거로 확인한다. 구체적으로는 국가 예산에 대한 논의가 근거가 될 것이다.

③ 인적 자원 : 우수한 인력이 많아서 잘될 것 같다

인적 자원의 구성을 주요 요인으로 보았다면 관련 분야의 인적 자원 육성과 확장을 중심에 두고 설명해야 한다. 인적 자원의 전문성은 어떻게 확보하는 지, 전문인력 육성과 관련한 제도와 대표 사례 분석을 통해 논리체계를 세울 수 있다.

④ 시장 : 시장이 확대되었기 때문에 넓어서 잘될 것 같다

산업에서 만화의 시장이 어느 정도로 확장되었는지를 통계 분석을 통해 구체적으로 제시할 수 있다. 시계열 분석을 통해 향후 수요를 예측하고, 관련 기업의 투자를 근거로 제시할 수 있다. 연관 산업과의 연계가 잘 되어서 잘될 것 같다: 연관 산업 분야의 효율성이나 지원 협력체계 구축 현황, 공동마케팅 성공 사례 분석 등이 유용한 방법이 될 수 있다.

⑤ 기술 : 오랜 경험이 축적되어서 잘될 것 같다: 국가에서 만화를 산업으로 육성하기 시작한 것이 언제부터인지, 몇 년이나 되었고, 최근에는 우리의 기술을 미국, 일본으로 수출하기도 하였다는 등을 근거로 기술적인 면을 강조한다. 국제 사회에서 한국의 기술력을 인정받은 사례나 컴퓨터 합성 기술은 세계 몇 번째 수준이라는 통계를 활용한다.

여러 이유 중에서 어느 한 가지만이라고 할 수 없을 것이다. 보고서

에서는 여러 요인을 빠짐없이 담아야 한다. 하지만 논문에서는 그중에서도 특히 강조하는 부분을 담아야 한다.

정책 연구라면 잘하는 부분과 잘못한 부분으로 나누어 대안을 제시할 수 있다. 생각을 구체적으로 풀어보자. 여러 요인 중에서 '그렇다'고 생각한 것과 '그렇지 않다'고 생각한 것을 분리하고, 긍정적인 요인은 더욱 잘할 수 있도록 하고, 부정적인 요소는 정책을 개선하도록 제안한다.

## 2.

# 목차의 출발 개요

논문 주제와 관련해서 생각해야 할 것은 세 가지이다. 그 세 가지는 '무엇을 하려고 하는가', '왜 하는가', '어떻게 하려고 하는가'이다.

무엇을 하는 지, 왜 하는 지, 어떻게 하는 지는 나름대로의 이유와 설명이 필요하다. 지도교수와 논문을 상담할 때는 최소한 이 세 가지에 대한 답변이 있어야 한다. '남들이 안 했으니까 한다'는 것은 이유가 안 된다.

**논문은 논문을 써야 하는 이유가 있어야 한다.**

연구가 안 되어 있으면, 안 된 이유가 있고, 연구가 많이 되어 있으면 많이 한 있는 이유가 있다. '남들이 안 했기 때문에 내가 한다'는 것이 논문을 써야 하는 이유가 되지 않는다.

논문 작성의 시작은 '무엇'을 할 것인지를 정하는 일이다.

논문의 주제에 해당한다. 주제가 정리되지 않았다면 주제를 길게 문장으로 써보아도 좋다. 주제 의식이 담긴 문장을 놓고 적절한 단어를 선택하고 축약해라. 어렵다면 지도교수나 선배 학자들을 활용하라. 이럴 때 지도교수는 대단히 유용한 길잡이가 될 것이다.

논문은 목적이 분명해야 한다. '왜 이런 연구를 해야 하는지'가 분명해야 한다.

왜 그 주제를 선택했는지에 대해서 정리해 보라. 흔히 빠지기 쉬운 함정이 '남들이 하지 않은' 주제에 집착하는 것이다. 남들이 건들지 않은 주제, 남들이 관심을 두지 않은 주제에 관심을 두게 된다. 이런 주제를 찾아 연구한다면 금방이라도 주목을 받고 높은 가치로 평가받을 수 있을 것 같다.

물론 그럴 수도 있다. 하지만 냉정히 생각해 보라. 연구자들이 바보가 아니다. 내가 생각했던 고민이 정말 다른 사람들이 한 번도 고민하지 않았던 것인지를 생각해야 한다. 많은 사람들이 하지 않았다면 그럴 만한 이유가 있을 것이다.

논문을 쓰라고 하면 가장 막막한 것이 '어떻게 쓸 것'인가이다. 막상 쓰려고 하면 뻔히 아는 문제인 것 같은데, 뭘 어떻게 하라는 것인지가 고민이 된다.

이럴 때는 논문을 읽는 사람의 입장이 되어 보는 것이 방법이다. '그거 왜 쓰려고 하는 거야?', '다른 사람 논문하고, 뭐가 다른데?' 등의 질문을 만들어 보는 것이다.

이런 질문을 먼저 고민하면, 내 주장을 어떻게 펼쳐 나갈지에 대한 실마리가 보인다. 논문은 목소리가 큰 주장이 이기는 싸움이 아니다. 차분하게 설득하는 판단의 과정이다. 어떤 근거로, 어떻게 펼쳐 나갈지에 대한 실마리가 보일 것이다.

그렇게 연구하고자 하는 주제를 어떻게 풀어낼 것인가, 어떻게 분석할 것인가에 대해 스스로 물어보고 나름대로 답변을 구해보아야 한다. 처음부터 이 세 가지에 대해 논리적인 답을 갖기는 쉽지 않다. 어렵다고 해서 포기해서도 안 된다. 어떤 누가 논문을 심사하든 간에 이 세 가지 질문부터 할 것이다.

## 어떤 방법이든 결정적인 고비는 있다.

어떤 주제를 정하든 간에 논문마다 결정적인 고비가 있다. 주제가 쉬우면 방법이 어렵고, 방법론이 분명하면 자료를 찾고 정리하기 어렵다.

논문은 주제에 따라서 주제마다 접근하기 어려운 언덕이 있고, 이

언덕을 넘지 못한다면 이 주제, 저 주제를 기웃거리다 주제만 바뀌고 완성하지 못하게 될 것이다.

어렵다면 도움을 받으면 된다. 지도교수는 논문 지도를 위해 있는 사람이다. 다만 그냥 가서는 안 된다. 무엇이 문제인지를 분명하게 알아야 한다. 문제가 무엇인지를 안다는 것은 그만큼 고민하지 않으면 안 된다. 어렵지만 나름대로 고민한 것과 조사한 것을 정리한다면 많은 도움을 받을 수 있을 것이다.

### 좋은 논문과 나쁜 논문은 없다. 논리적인 논문과 그렇지 않은 논문이 있을 뿐

연구 주제와 관련한 논문을 보면서, '좋은 논문'과 '나쁜 논문'으로 구분하는 것을 보았다. '좋은 논문'과 '나쁜 논문'은 따로 없다. 논리적인 논문과 그렇지 않은 논문이 있을 뿐이다. 논문을 보면서 미리 좋은 논문, 나쁜 논문이라는 선입견을 갖지 말아야 한다. 논문은 논리적인 구성을 보는 것이지, 논문의 방향을 보면서 좋고, 나쁨을 단정해서는 안 된다.

3.

# 좋은 목차는 좋은 질문에서

## 논문의 구성과 목차

논문을 본격적으로 쓰기 전에 먼저 생각할 것은 논문의 구성이다. 논문은 어떤 요소로 구성되어 있는가.

다음과 같이 이루어진다.

① 주제

② 차례

③ 서문

④ 본문

⑤ 결론

⑥ 참고문헌

① 주제

제목은 무슨 주제로 어떤 대상을 연구하겠다는 것인지를 가장 추상적으로 제시한다. 주제가 정해지면 그 논문 안에 모든 구성은 주제에 맞추어 구성되어야 한다. 연구 범위나 방법 등을 보다 구체화하기 위해서 부제를 붙이기도 한다.

② 차례

차례는 논문 주제를 풀어가는 방법과 진행을 보여주는 시나리오이다. 논문을 쓰는 일차적 과제는 목차를 정하는 일이다. 목차는 논문의 뼈대이자 주제를 풀어갈 스토리텔링이다. 논문의 제목과 목차, 서론, 참고문헌을 훑어보는 것만으로도 좋은 논문인지 아닌지를 가릴 수 있다. 주제와 목차, 방법과 대상, 참고문헌은 한 몸이기 때문이다. 한 번 훑어보는 것만으로도 문제의식이 제대로 되었는지, 논리적으로 구성되었는지를 알 수 있다.

③ 서론

논문에서 가장 어려운 부분은 시작이다. 어떻게 풀어나가야 할까. 서론만 잘 풀리면 다음은 술술 풀릴 것 같다. 서론은 본론의 일부로 보기도 한다. 하지만 서론은 본론과 직접 연결되기보다는 전체를 보여주는 개요서이다. 서론에서는 독자들에게 논문을 써야 하는 이유와 쓰게 된 배경, 연구 범위와 방법, 선행 연구의 성과와 한계, 논문을 통해서 얻을 수 있는 기대 효과 등을 포괄적으로 보여준다. 독자는 제목을 보고, 목차를 본 다음 서론을 읽으면 논문의 윤곽을 파악하게 된다.

서론은 어떻게 시작하는 것이 좋을까. 논문을 시작할 때 가장 먼저 해야 할 것이 무엇인가? 그것은 논문을 쓰는 목적이다. 서문도 연구 목적을 밝히는 것으로 시작하면 된다. '이 연구의 목적은 000이다'로 시작하는 것이 무난하다. 다음은 어떻게 할까? 무엇을 할지, 목적을 밝혀다면 다음은 왜 이런 것을 써야 하는 지를 밝힌다. 연구 필요성이다. 이 논문을 왜 써야 하는지를 밝히면 된다. 이렇게 서론에서 써야 할 내용을 항목별로 정리하면 된다.

④ 본론

본론은 주제에 맞추어 논지를 전개하는 부분이다.

일반적으로 본문의 첫 장은 주요 개념, 가설, 이론, 연구 범위, 연구 방법 등으로 구성된다. 논문에서 사용하려는 주요 개념에 대한 개념(概念) 논의, 개념사를 통해 논문에서 사용하는 개념의 범주를 규정한다. 또한 가설을 설정한다.

가설은 연구 주제와 관련한 잠정적인 결론이다. 문제의식을 상정하게 된 이유와 의미를 설명하고, 다음 장에서는 실제적인 분석을 시도한다. 이론은 주제를 분석하기 위한 기존의 이론을 검토하고, 논문에서 사용할 이론 체계, 기존 이론을 분석에 적용할 때의 성과와 한계, 한계를 보완하는 방법을 제시한다.

본론의 두 번째, 세 번째 장(章)은 본격적인 분석이다. 이론 체계를 중심으로 대상 텍스트를 분석한다. 장은 몇 개의 절로 구성된다. 절(節)은 장의 주제를 세분하여 별도로 구성하는데, 각 절의 연계성보다 독립성이 높으면 마지막에 소결을 두기도 한다.

본론의 마지막은 분석한 결과를 통해 도출된 결과를 통해 얻어진 결과를 어떻게 할 것인지로 구성한다. 정책을 제시하거나 대안을 제시하는 구성이다.

⑤ 결론

논문의 결론은 크게 두 가지 형식으로 구성한다. 하나는 앞에서 논의된 결론을 최종적으로 잘 정리하는 것이다. 다른 하나는 앞의 논의를 바탕으로 압축적이고 시사적인 결론을 내리는 방식이다.

⑥ 참고문헌

참고문헌은 논문에 사용한 문헌을 정리하는 것이다. 참고문헌은 정리하는 방식이 있다. 일반적으로는 한글 알파벳 순으로 한다. 총류, 외국논문(도서), 한국논문(도서), 기타 자료(인터넷) 등의 순으로 한다. 참고문헌 배열은 내규에 따른다.

## 목차와 문제의식

목차를 잘 잡기 위해서는 무엇보다 문제의식이 좋아야 한다. 문제의식이 좋다는 것은 문제의식이 다양하다는 것을 의미한다. 주제와 관련한 문제의식이 많으면 많을수록 논문에서 담을 내용이 풍부하게 된다.

목차는 논문 주제를 설득하는 과정이다. 논문은 내 생각을 논리적으로 주장하는 글인데, 독자들은 호의적이지 않다. 오히려 적대적이다. 재판 과정에서 검사와 변호사의 입장이다. 논문을 읽을 잠재적 독자들은 내가 하는 말에 조목조목 꼬투리 잡고, 반박할 준비가 되어 있다.

그렇기에 논문은 내가 정한 주제에 대해서 나와 다른 생각을 가진, 어쩌면 적대적인 다른 사람들이 제기하는 문제를 답변하면서 내 주장을 이끌어 가는 과정이다.

때로는 예기치 않았던 논지를 펼치기도 한다. '네가 지금 하는 말이 정확한 말이냐?', '앞에서 한 말과 뒤에서 한 말이 서로 다르다', '당신의 주장과 다른 견해도 있지 않느냐?' 등등.

논문을 쓰면 일차적으로 심사를 거쳐야 한다. 심사자의 기본 연할은 악역이다. 문제를 지적하여, 잠재적인 독자들의 공격을 덜 받도록 하는 것이 임무이다.

논문 주제에 대해 많은 문제의식을 해야 하는 것은 주제와 관련한 문제의식이 많을수록 답변도 풍부해 지기 때문이다. 선제적으로 문제의식을 만들어 보는 것이 필요하다.

주제와 관련하여 나올 수 있는 질문을 만들어 보자. 어떤 주제를 잡든 그 생각을 깊이 있게 내려가다 보면 새로운 접근이 이루어질 것이다.

<마당을 나온 암탉>이라는 애니메이션이 크게 성공하였다. 이 애니메이션 성공하게 된 원인 분석하는 논문을 쓴다고 생각해 보자. 우선 주제는 "한국 토종애니메이션의 발전 방안 - <마당을 나온 암탉> 사례를 중심으로" 정도가 될 것이다. 어떤 방향이 올바른 발전 방향인지를 제시하는 것이 논문의 핵심이다. 그렇다면 먼저 어떤 요소에 관객들이 호응하는지를 알아보자.

A : 재미있을 것 같은 요소

먼저 만화영화 <마당을 나온 암탉>이 흥행한 이유를 찾아보자. 어떤 요인으로 흥행하였는지를 추정해 보는 것이다.

① <마당을 나온 암탉>이 흥행한 것은 (한국적 색채) 때문이다.

② <마당을 나온 암탉>이 흥행한 것은 (이야기가 좋기) 때문이다.

③ <마당을 나온 암탉>이 흥행한 것은 (캐릭터가 좋기) 때문이다.

④ <마당을 나온 암탉>이 흥행한 것은 (한국적 정서) 때문이다.

⑤ <마당을 나온 암탉>이 흥행한 것은 (배경음악) 때문이다.

⑥ <마당을 나온 암탉>이 흥행한 것은 (친숙한 이야기) 때문이다.

⑦ <마당을 나온 암탉>이 흥행한 것은 (기획사의 마케팅) 때문이다.

⑧ <마당을 나온 암탉>이 흥행한 것은 (정부 정책) 때문이다.

⑨ <마당을 나온 암탉>이 흥행한 것은 (오랜 제작기간) 때문이다.

어느 것이 정답이라고 확언할 수는 없을 것이다. 흥행하는 요인은 복합적이다. 하지만 그래도 호평을 받은 부분과 그렇지 않은 부분으로는 나누어질 수는 있다. 재미있는 요인이 무엇인지를 나누고, 우선순위를 부여해 보자.

흥행 요인이라고 생각하는 것은 흥행 요인 분석이 되고, 그렇지 않은 것은 더 이상 흥행하지 못한 요인이나 향후 애니메이션 발전을 위해 개선되어야 할 부분이 된다.

이렇게 다양한 문제의식을 나열하다 보면 기존 연구에서 다루어지지 않았던 문제의식을 발견하게 된다. 이런 문제의식이 많을수록 참신한 논문이 된다.

# 4.

# 차례의 구성과 스토리텔링

## 차례의 구성

논문에서 차례의 중요성은 아무리 강조해도 지나치지 않는다. 차례를 보면 논문의 체계가 잘 잡혔는지를 알 수 있다. 논문은 정직한 글이다. 차례에 맞게 써야 한다. 차례를 보면 어떻게 구성될 것인지가 보이게 된다.

논문을 처음 쓸 때 가장 많이 실수하는 것은 서론이 길어지는 것이다. 서론이 길어지는 것은 불안하기 때문이다. 논리 전개에 자신이 없기에 이런저런 이야기를 다 쓰게 된다. 이런 것은 도움이 안 된다. 이럴 때는 차례를 정하고 각각에 들어갈 내용을 개요로 간단하게 정리할 필요가 있다. 정리하다 보면 논리적 중복을 피할 수 있다.

서론은 전체적인 윤곽을 보여주는 도면과 같다. 서론에는 필수적인 요소가 있다. 연구 주제, 연구 배경 및 연구 목적, 연구 방법, 연구 대상(범위), 선행 연구 현황, 기대효과 등이다.

연구 대상과 연구 목적은 '내가 무엇을 연구하며, 이것은 왜 필요한지'를 밝힌다. 연구 방법은 어떤 방법으로 분석할 것인지를 밝힌다. 연구 방법이 중요하다면 별도의 장으로 분리해야 한다. 연구 범위는 연구 대상이 되는 범위이다. 어떤 범위까지 연구할 것인지를 원칙과 기준을 갖고 정해야 한다. 본문의 구성은 주제에 따라서 구분되는데, 대체로 보면 2-4개의 장으로 구성된다.

본문의 첫머리에서는 연구 주제에 대한 개념 정리 혹은 이론적 배경에 대한 분석이 앞에 온다. 본론에는 주제를 펼치기 위해 소주제를 분석한다. 앞서 이론을 적용하는 과정, 적용한 결과에 대한 분석, 분석 결과가 갖는 의미를 정리해야 한다. 결론은 지금까지 연구된 결과를 간단하게 재정리하거나 분석 결과를 바탕으로 시사점이나 대책을 제시하면 된다.

## 목차의 스토리 텔링

차례를 정하는 것이 좋지만 처음부터 일목요연하게 정리하기는 어렵다. 큰 틀에서 가설을 정하고 그에 맞추어 논문을 작성하다보면 장이나 절이 바뀌기도 한다. 자연스러운 현상이다. 차례가 완벽하지 않은 이상 차례에 대한 수정은 불가피하다.

논문은 물이 흘러가듯 논리가 자연스럽게 흘러가야 하는데, 이 과정에서 예기치 못했던 결과들이 나오기도 하고, 나누었던 장을 합쳐야 하기도 하고, 하나의 장을 나누는 것이 논리에 맞기도 한다.

차례를 만들기 위해서는 스토리텔링이 필요하다. 스토리텔링이란 차례를 가지고 하나의 연결된 이야기를 만드는 것이다. 다른 사람이 쓴 논문의 차례를 보면서 이야기로 만들어 보자. 이야기가 순차적으로 흘러가면 좋은 논문일 가능성이 높다.

'CSI수사대'라는 미국 드라마가 있었다. 미국 드라마를 좋아하는 일명 '미드광'이 아니었지만 'CSI수사대'는 빼놓지 않고 보았었다. 'CSI수사대'의 묘미는 해결이었다. 도저히 풀 수 없을 것 같은 범죄 사건을 과학 조사를 통해, 실마리를 풀고 진범을 찾아가는 묘미가 있었다. 수사관들은 사건 현장에서 수집된 증거들을 분석하면서 단서를 하나하나 풀어간다.

사건이 발생하는 '범죄의 서사'와 풀어나가는 '범죄의 수사'가 교묘하게 어울리면서 해결의 실마리를 풀어간다. 사건을 풀어나가는 단서는 사소한 것들이다. 이를테면 지문, 머리카락, 옷 조각, 혈흔 같은 것들이다.

논문을 쓴다는 것은 사건을 풀어가는 수사 과정과 같다. 객관적 자료를 동원하여 주제를 밝힌다. 논문 심사 과정은 범죄자와 수사관의 대질심문과 같다. 이런 추궁과 저런 질문으로 문제를 지적하고 몰아세운다. 주장을 뒷받침하는 자료는 분명하고, 논리는 과학적이어야 한다.

심증만으로 범죄를 구성할 수 없듯이 심증만으로 논문을 구성할 수는 없다.

논문을 쓰는 과정은 범죄 현장을 분석하고 숨어 있는 범인을 찾아보는 과정이다. 생각해 보라. 이 얼마나 흥미로운 일이겠는가? 논리라는 말이 딱딱하고 부담스럽다면 연예부 기자라고 생각해 보아라.

'미국과 북한의 관계가 어떻게 될 것인가'를 주제로 논문을 써야 한다고 생각해 보자. 어떻게 시작해야 할지 모르겠다면 연예 기사를 상상해 보자. 논문을 쓰는 것이나 연예 기사 쓰는 것이나 과정에서는 큰 차이가 없다.

기사 될만한 사건을 정하고, 관련 자료를 수집한다. 인터뷰도 해야 한다. 인터뷰에 앞서 관련 자료를 찾아서 조사하고, 질문지를 작성하고, 답변한 내용이 합당한지를 분석하고, 분석한 결과로 기사를 쓴다. 최신 정보도 필요하고, 지난 정보도 필요하다. 가족관계, 친분, 금융 상황, 최근 활동 근황, 비슷한 사건 사례 등등이 모도 기사 작성의 근거가 된다. 논문도 비슷한 과정이라 생각하면 논리를 세우는 일이 그리 어렵지 않을 것이다.

# 제6부

# 논문쓰기

1.

# 정서의 글, 논리의 글

> 문장에도 데생과 기본 발성이라는 게 있다. 우리말 표준어 규정에 맞는 단어를 골라서 주어와 서술어가 조화를 잘 이루도록 연결할 줄 아는 능력이 바로 그것이다.
>
> - 송준호, 『좋은 문장 나쁜 문장』, 살림출판사, 2009, 5쪽.

논문은 비판적 글이다. 비판적 글쓰기는 비판적 글 읽기로부터 시작한다. 비판적 글 읽기란 문맥의 옳고 그름과 논리적 연결을 분석하면서 읽는 것을 말한다.

소리 내어 읽어보면 논문이나 책의 순리를 알게 된다. 눈으로 읽을 때는 몰랐는데, 소리 내어 읽으면 주어와 서술어의 호응이나 적실한 어휘 사용을 알게 된다.

문장의 문법 구조와 의미구조가 맞아야 한다. 주어가 명확해야 하고, 주어와 서술어의 호응이 맞아야 하고, 시제가 적절해야 한다. 그래서 논문의 문장은 간단한 것이 좋다. 즉, 한 문장은 주어, 목적어, 서술어의 단순 구조가 좋다. 전달하고자 하는 메시지를 분명하게 전달할 수 있기 때문이다.

주어는 곧 '행위 주체'이다. 한국어는 주어 명확하지 않은 경우가 많다. 간혹 문법에는 맞는데, 행위 주체가 분명하지 않은 경우가 있다. 좋지 않은 문장이다. 주어는 행위 주체가 분명해야 한다.

그런 점에서 대명사는 논문에 적절하지 않다. 대명사는 최대한 절제하여 사용하는 것이 좋다. '우리는 환경보호에 힘써야 한다.', '엘리트의 역할이 중요하다.' 등의 문장이 있다. '우리'는 곧 구체적으로 누구인가? '엘리트'는 어떤 사람인가가 분명해야 한다. 즉 주체가 명확하고, 구체적이어야 한다.

논문을 쓸 때 겪는 어려움의 하나는 서술어이다. 서술어는 주어와의 호응이 중요하다. 주어와 서술어의 호응이 어긋나지 않도록 해야 한다. 문장을 두 개 이상 나열하는 경우, 특히 조심해야 한다. 평소 문장을 짧게 쓰거나 끊어 말하는 습관이 없다면 서술어를 어떻게 처리할지가 고민이 될 것이다.

잘못하면 줄줄이 이어지는 문장이 된다. 논문에서 중문(重文)이나 복문(複文)처럼 두 문장이 이어지거나 겹치는 문장은 최대한 피해야 한다.

## 개발자 마인드

"'마트에 가서 사과 세 개 사와 만약에 수박 있으면 하나 사 와'라고 했어요. 그랬더니 개발자는 어떻게 했을까요?"

JTBC 드라마 <협상의 기술>에서 나왔던 대사이다. 어떻게 했을까? '개발자는 사과 하나 사 온다'는 것이다. 대사를 이어보자. "보통 사람이라면 사과 세 개, 수박 한 개, 수박 없으면 사과만 세 개 사 왔겠죠?" 그렇다. 상황을 보면 사과를 세 개 사오라고 했다. 그리고 만약에 수박이 있다면, 수박도 한 개 사오라는 것으로 받아들인다.

유머이기는 하지만 왜 이런 일이 생길까? 그것은 목적어가 분명하지 않기 때문이다. 개발자는 억울할 수 있다. 마트에 갔더니 사과도 있고, 수박도 있었다. 사과를 세 개 사라고 했다. 그런데, '만약에 수박이 있다면 한 개 사와'라고 했다. 사과 옆에는 수박이 있었다. 그렇기에 한 개를 사는 것이 맞다고 생각한 것이다. '사과도 사고, 수박도 사오라'고 생각했다면 "마트에 가서 사과 세 개를 사, 그리고 만약에 수박이 있으며, 수박도 하나 사와, 수박이 없으면 사과 세 개만 사와"라고 해야 정확한 표현이라는 것이다.

역설적이지만 논문에서는 개발자의 마인드여야 한다. 어떤 문장이든 행위의 주체와 대상, 서술이 분명해야 한다.

## '전투'와 '협상'의 글

> 길이가 짧은 문장은 당연히 간결하다. 전달하려는 뜻도 명료해 보인다. 그렇게 읽힌다. 그러므로 장점이 많다. 문장 자체가 생각의 단위이기 때문에 그렇다. 한 문장으로는 가급적 하나의 사실이나 생각만 전달하는 것이 좋다.
>
> - 송준호, 『좋은 문장 나쁜 문장』, 살림출판사, 2009, 28쪽.

글을 잘 쓴다고 논문을 잘 쓰는 것은 아니다. 일반적인 글과 논문은 성격이 전혀 다른 것이다. 성격이 다르다는 것은 일반적인 글과 논문이 요구하는 성격이 다르다는 것을 의미한다. 사람들은 저마다 자신의 글쓰기 습관이 있다. 보도자료나 기획서에 익숙한 사람이 있고, 감상문이나 수필이 편한 사람도 있다. 대학원이면 논문의 성격에 맞는 글쓰기를 훈련해야 한다.

영화와 현실, 스포츠와 실전, 이상과 현실의 공통점은 '다르다'는 것이다. 영화에서는 멋지게 보여도 실제 생활에서는 그렇지 않다. 촛불을 켜고 프로포즈하는 영화의 한 장면은 멋있어 보인다. 하지만 현실에서는 프로포즈가 끝나고 나면 촛불도 꺼야 하고 촛농도 치워야 한다.

라디오 프로에서 아프리카 여행을 다녀온 출연자의 이야기를 들은 적이 있었다. 출연자는 '태양이 그렇게 크고 붉은지를 몰랐다면서 아름다운 풍경을 이야기하고 있었다.

진행자가 물었다.

"혹시 동물 냄새는 없었나요?"

"아휴 말도 마세요. 온갖 짐승들이 사방에다 똥을 얼마나 싸 놓았는지 숨도 제대로 쉴 수 없었어요."

"씻는 것은 어때요?"

"씻는 거요. 말도 마세요. 먹을 물도 없어서 일주일 동안 샤워도 한 번밖에 못했어요."

영화나 방송에는 아름답게 보일지 몰라도 실제는 그렇지 않다. 글도 마찬가지다. 논문을 방송이나 영화처럼 생각하는 경향이 있다. 아니다. 논문의 글은 전투의 칼과 같다.

스포츠에서는 상대에게 인사도 하고, 의식을 갖추면서 이것은 실전이 아니라 스포츠라는 것은 확인한다. 하지만 실전은 어떤가? 생사가 걸린 전쟁터에서 상대방에게 인사를 하고, 격식을 찾는 것은 쓸모없는 일이다. 창끝은 바로 적을 향해야 하듯이 글은 목적으로 항해 곧장 돌진해야 한다. 논문의 글쓰기는 전장의 병사가 겨누는 창과 같다. 직설적이고, 곧아야 한다.

## 2.

# 적확(的確)한 글쓰기

의사소통에서도 화자가 한 말에 대해 청자는 화자의 의도를 그대로 해석할 수도 있지만, 때에 따라서는 그 맥락에서 자기 스스로 새로운 해석을 할 가능성이 있는데 그렇다고 해서 화자는 그러한 청자의 태도를 틀렸다든지, 무식하다든지, 또는 무책임하다고 나무라기만 해서는 진정한 의사소통이라고 할 수 없다.

- 이성범, 『소통의 화용론 : 커뮤니케이션에 대한 화용적 접근』, 한국문화사, 2016, 36~37쪽.

논문은 아는 것을 쓴다. 당연한 이야기이지만 아는 것을 쓰는 것과 모르는 것을 쓰는 것은 엄청난 차이다.

아이쉬타인이 기자와 인터뷰 할 때였다. 기자가 말했다.

"저는 선생님의 운동에너지 법칙을 잘 알고 있습니다"

"그래요. 무엇이죠"

"운동에너지는 질량에너지x광속에너지(제곱), 즉 $E = mc^2$아닌가요."

"맞습니다. 그런데 왜 그렇죠?"

"……"

아는 것이란 공식을 외우는 것이 아니라 원리와 개념을 이해한다는 것이다. 원리와 개념을 이해하는 것은 응용할 수 있지만 공식만 외우는 것은 아는 것이라 할 수 없다. 원리를 알고 연구에 응용할 수 있어야 한다. 다른 연구자의 자료를 탐구하는 것도 내 논문에 활용할 영감을 얻기 위한 것이다. 이것이 아는 것이다.

『논어』에 보면 "아는 것을 안다고 말하고, 모르는 것을 모른다고 말하는 것. 이것이 아는 것이다"는 구절이 나온다. 참으로 명언이다. 논문의 글은 솔직하다. 아는 것을 써야 한다. 잘 모르고 생각없이 개념을 사용하는 것은 위태롭다.

잘 알지도 못하는 글을 쓰는 경우가 있다. 안 되는 일이다. 모르면 찾아서 알 때까지 쓰지 말아야 한다. 쓰고 싶은데 잘 모르겠으면 쓰지 말아야 한다.

쓰고 싶은 것과 쓸 수 있는 것은 다르다. 쓰고 싶은 것은 많아도 쓸 수 있는 것은 적다. 배움이 쌓이고, 학문이 깊어지면 쓸 수 있는 것이 많아진다. 논문은 철저하게 배움의 결과이기에 아는 것, 즉 쓸 수 있는 것을 써야 한다.

멀리 뛰기 위해서는 도움닫기가 필요하듯이 논문을 쓰기 위해서는 발판이 있어야 한다. 논문에서 발판은 학문적 지식을 축적하고, 재료를 모으는 일부터 시작해야 한다.

자신의 전공을 잘 살리는 것이 대단히 유용하다. 학문적 교합(交合)도 중요하지만 무턱대고 다른 것을 배울 수는 없다. 따로 공부하지 않았다면 영문학을 했던 학생이 대학원에서 경제학으로 논문을 쓰는 일은 쉽지 않다. 그 만큼 이론적 토대가 중요하다.

쓰고 싶은 분야가 있다고 해서 섣불리 다가가지 말라. 가고 싶다면 자기가 배웠던 전공 영역에서 원하는 분야와의 연관성을 찾아 조금씩 다가가는 것이 좋다.

## 정확(正確)이 아니라 적확(的確)이다

문장은 생각이나 느낌을 문자언어로 전달하는 수단이다. 문장을 올바르게 구사하려면 그 안에 든 단어부터 정확해야 한다.

- 송준호, 『좋은 문장 나쁜 문장』, 살림출판사, 2009, 5쪽.

시간과 시각은 다르다. 시각은 '시간'보다 구체적인 시간을 의미한다. 기차나 비행기의 시간은 시각으로 표현한다. 정확해야 하기 때문이다. 시각의 개념은 근대적 산물이다. 근대성을 상징하는 기차역이나 학교에는 큰 시계가 있었다. 절기나 오전, 오후로 구분하던 것에서 숫자의 개념으로 인식시켰다.

시각을 사용하면 행동도 달라진다. '회의 시간은 10시입니다'라고 하는 것과 '회의 시간은 09시 58분 입니다'라고 하는 것은 큰 차이가 있다. '회의 시간은 10시입니다'라고 하면 대체로 10시 정도에 회의할 것이라고 인지하는 경향이 높다. 반면 '회의 시간은 09시 58분 입니다'라고 하면, 글자 그대로 09시 58분에 회의하는 것으로 인지한다. 10시 정각에 회의하지 못하는 상황이라고 받아들인다.

논문에서도 마찬가지다. 정확한 표현보다 더 적절한 표현을 찾아야 한다. 적확한 표현을 찾아야 한다. 적확한 표현이란 더함도 없고, 덜함도 없이 딱 맞는 표현을 찾는 것이다. 적확한 표현을 위해서는 어휘력이 풍부해야 한다. 어휘력이 풍부해야 만 상황에 맞는 적합한 어휘를 찾을 수 있기 때문이다.

자료를 읽다가 '좋은 표현'이나 '참고할 내용'이 있다면 반드시 기록해 두어야 한다. 나중은 없다. 논문에 필요한 자료는 언제 어디서 어떻게 나타날지 모른다. 글로 생각하고, 글로 사고하라.

글을 쓸 데에도 부사나 형용사를 줄이고 숫자를 많이 쓰는 것이 좋다. 글쓰기 책을 보면 어느 책이나 숫자를 강조한다. 구체적이고 설득력이 있기 때문이다. '담배를 피우는 것은 건강에 해롭다'는 것보다 '담배를 피우면 폐암 발생률이 250%, 간암 발생률이 150%, 후두암 발생률이 700% 증가 한다'는 표현이 훨씬 구체적이다.

우리 말 가운데 참으로 해석하기 힘든 것이 부사(副詞), 형용사(形容詞) 이다. 부사나 형용사의 역할은 문장의 강도를 더하거나 강조하는 의미를 더하는 것이다.

부사나 형용사는 부가적인 요소이다. 문장에서는 부사나 형용사가 빠져도 의미는 전달된다. 가령 '나는 너를 사랑한다'는 완전한 문장이다. 의미 잘 전달에 문제가 없다. 하지만 정서는 충분히 전달되었다고 보기 어렵다. 몇 가지 도움말을 넣어 보자. '나는 너를 정말로 사랑한다', '나는 너를 생명처럼 사랑한다'. 이렇게 하면 어감은 완전히 달라진다.

일상에서는 부사나 형용사가 감정을 풍부하게 전달하는 중요한 역할을 한다. 하지만 논문에서는 이런 부사나 형용사의 사용을 최대한 절제하는 것이 좋다.

문장은 단문이 좋다. 단문은 문장이 단정적이고, 명령조처럼 보이지만 가장 명확하게 의미를 전달한다. 단문을 쓰면 실수를 줄이게 된다.

단문의 장점은 주어가 분명하다는 것이다. 주어를 명확하게 드러내는 것이 좋다. 한 문장에서 주어는 한 번만 나오는 것이 가장 정확하다. 그것도 맨 앞에 나오게 하라.

3.

## 종결 훈련

한 번에 논문을 써 내려가는 것은 불가능하다. 그런 사람이 있다면 이미 천재여서 따로 배울 필요가 없다. 반복인 훈련으로 문장력을 높여야 한다.

문장력을 높이는 것은 짧은 문장을 완성하는 훈련을 통해 이루어진다. 한 문장을 완성하고, 한 단락을 마무리하고, 그렇게 훈련하면서 글의 호흡을 길게 가야 한다.

논문은 장, 절, 항의 구성으로 나누어진다. 논문이 이렇게 나누는 이유는 나눔의 단위별로 종결을 짓기 위해서이다. 논문의 글은 간단하고, 단락은 명확해야 한다.

문단은 주제문과 뒷받침 문장으로 구성된다. 논문의 주제가 있다. 논문의 주제는 그 주제를 뒷받침하는 몇 개의 소주제가 있다. 각 소주제는 다시 보다 작은 주제로 나누어 진다. 각 문단은 주제와 이를 뒷받침하는 문장으로 단락을 구성된다.

단락은 하나의 주제문과 몇 개의 뒷받침 문장으로 구성된다. 주제는 두괄식이나 미괄식, 양괄식이 있다. 논문은 두괄식이 좋다. 주제를 제시하고, 이 주제를 뒷받침하는 문장으로 문단을 구성하는 것이 명시적이다.

하나의 단락은 하나의 주제로 통일되어야 한다. 하나의 주장으로 통일된다는 것은 주장에 대한 근거나 뒷받침이 설득력 있게 이루어져 있다는 것이다. 한 단락 안에서 여러 주장이 나열만 되어 있거나 의미가 다른 두 주제가 있어서는 안 된다.

논문의 글쓰기 훈련을 위해 필요한 것은 마무리하는 습관이다. 무슨 일이든, 무슨 글이든 완성하는 습관을 가져라. 논문을 쓴다는 것은 자기 생각을 논리적으로 완결된 구조로 만드는 과정이다. 말하는 것과 달리 글은 순서와 논리가 있어야 한다. 말은 말하는 사람의 표정과 몸짓, 억양만으로도 충분히 의미를 전달할 수 있다.

그러나 글은 다르다. 순서에 맞추어 배열하면서 내 생각을 전달해야 한다. 말처럼 감성이나 기분을 몸짓이나 억양으로 전달할 수 없다. 글은 속도나 고저가 없다. 오직 전후만 있다. 전후가 바뀌면 내용도 바뀌고, 결구가 바뀌면 결과도 바뀐다.

영어에 문법이 있다면 국어에도 문법이 있다. 조건문이면 조건문에 맞게 써야 하고, 미래형이면 미래형에 맞아야 한다.

가령 "철수는 영희가 어깨를 두드려서 돌아 보았다."는 문장과 "누군가 어깨를 두드려 돌아보았더니 영희였다"는 문장은 다르다. 전자는

'영희'라는 존재를 알고 있을 때 맞는 문장이 된다. 엄밀하게 말하면 돌아보기 전까지는 누군지 알 수 없다. 아마도 돌아보고 나서야 영희라는 것을 알았다는 것이 정확한 표현이다.

긴 글에 익숙하지 않은 상태 논문을 쓴다는 것은 매우 어려운 일이다. 전체적 윤곽도 잡지 못하고, 논리적인 사고력도 부족하다. 방법은 단 하나, 연습뿐이다. 대학원 과정은 전체가 논리적으로 글쓰는 연습 과정이다.

이왕 연습하려고 한다면 목표 의식을 갖고 하는 것이 좋다. 목표란 기말리포트를 소논문으로 완성해 보는 것이다. 이렇게 완성된 논문은 좀더 발전시켜 현상공모에 응시해 보는 것도 좋은 방법이다. 일정한 목표를 갖고 완성된 글을 쓰다 보면 점차 긴 글도 완성할 수 있다.

## 원고지 열 장의 힘

논문 글쓰기에 대해 묻는 학생이 있다면 꼭 권하는 책이 있다. 바로 『원고지 10장을 쓰는 힘』이라는 책이다. 결론부터 말하자면 원고 10장을 쓸 수 있다면, 어떤 글도 쓸 수 있다는 것이다. 백번 옳은 말이라고 생각한다.

원고지 10장도 쓰지 못할까 싶을 것이다. 누구나 원고지 10장 정도는 쓸 수 있다고 생각한다. 하지만 직접 해보아라. 쉽지 않다. 10장이란 단순히 아무렇게나 쓰는 글이 아니다. 하나의 생각과 주제로 10장을 채우는 것이다.

그렇다고 해도 원고지 10장과 논문은 차이가 커 보일 것이다. 차이가 많다는 생각이 드는 것은 논문 주제를 세분화하는 사유 능력이 부족하기 때문이다. 논문 주제와 관련된 문제의식을 세분하고 나누다 보면 작은 주제들로 나누어진다. 이 작은 주제들을 완성하는 힘은 원고지 10장을 쓰는 것으로도 충분하다.

가령 원고지 120매 정도의 논문을 쓴다고 하자. 서론과 본론이 각각 10매에서 15매 정도 된다. 서론에서는 연구 목적, 필요성, 선행 연구, 연구 방법, 연구 범위, 기대 효과 등을 단락별로 서술하면 된다. 그러면 20매에서 30매를 제외한 90매에서 100매 정도가 본문이 된다.

서론 다음에 오는 것은 대개 방법론이나 이론에 대한 부분이다. 분석하고자 하는 주제와 관련한 이론 소개, 이론을 적용했을 때 생기는 문제점과 보완점을 30-35매 정도 서술하면 된다.

논문의 핵심이 되는 본론은 기실 50-70매 정도이면 된다. 본론에서 주장하고자 하는 내용은 하나가 아니다. 대개 3가지 정도 된다. 주장하는 내용과 논지를 세 가지로 나누어 보면 써야 할 내용이 명확해진다. 각각의 주장을 구성하는 것이 어렵지, 열 장을 채우는 것은 그렇게 어렵지 않다. 여기에 본문 인용과 참고문헌을 포함하면 알맹이는 10여 장이면 된다.

따라서 처음부터 긴 글을 놓고 고민하기보다는 작은 글쓰기를 반복적으로 훈련하는 것이 효과적이다. 하나의 주제를 잡고 옆으로 늘리지 말고 말꼬리를 물고 이리 저리로 늘어져 보는 것이다.

## 70%에서 멈추고, 전체를 조율하라

논문을 쓰는 데 겪는 어려움 중의 하나는 어디서 멈추어야 할지를 모른다는 것이다. 처음 논문을 쓰게 되면 마음이 급하게 된다. 마음이 급하면 주제를 하나하나 차분하게 풀지 못하고, 해야 할 말을 미리 쏟아놓게 된다. 이것저것 필요한 것을 쓰다 보면 서론이 필요 이상으로 비대해진다. 정작 본문에 쓸 내용은 별로 없어진다. 앞에서 다 쓰기 때문이다.

논문의 글쓰기는 급해서는 안 된다. 자기 할 말을 쏟아 붇듯이 해서는 안 된다. 논문은 상대가 있다. 논문을 읽는 사람들이다. 상대와 주고받는 대화라고 생각해야 한다. 먼저 자신이 해야 할 말과 주장부터 쏟아 넣는다. 논문을 쓰는 사람은 그 내용에 대해 충분히 숙지하고 있다. 본인은 잘 정리되었을지 몰라도 다른 사람은 그렇지 않다. 다른 사람들은 내 논문에 없다. 친절하게 '내 논문에 관심을 보일 것'이라 생각하지 마라. 관객은 야멸차다.

논문을 지도하던 학생이 서론만 수십 페이지를 써온 적이 있었다. 서론이 길어진 이유는 명확하였다. 하고 싶은 말을 전부 썼기 때문이다. 이것도 중요하고, 저것도 중요하다고 생각하고는 모조리 서론에다 썼다.

논문은 일정한 분량이 있다. 각 장의 완성도를 높이면서, 전체적인 균형이 맞아야 한다. 장이나 절의 내용이 70% 정도 되었다고 판단하면 과감하게 비워두고 다음 장으로 넘어가는 것이 좋다. 각 장의 중요한 내용을 70% 정도 정리한 다음에는 전체적으로 조율해야 한다.

집을 지을 때도 땅을 다지고 건물을 세우고, 내부 인터리어로 마감한다. 70%의 나머지 부분은 마감하면서 다듬어 나가면 된다. 처음부터 완성된 글을 목료로 하지 말라. 그런 목표를 갖게 되면 진도를 나가지 못하고, 한 자리에서 매달리게 된다. 쓰다가 막히면 어떤 부분이 막히고, 어떤 내용을 써야 하는지를 체크하고 다음으로 넘어가라. 논문은 전체적인 조화가 중요하다. 이 조화는 인테리어를 완성하는 것과 같다.

4.

## 인용의 기술

인용에도 기술이 필요하다. 필요한 정도가 아니라 필살기이다. 바둑에는 '복기'가 있다. 두었던 바둑을 다시 두는 것이다. 바둑판에 어지럽게 놓였던 바둑돌을 거두어 신기하게도 두었던 그대로 둔다. 다면 대국을 하는 프로 기사들은 더 놀랍다. 동시에 몇 사람과 돌아가면서 대국하는데도, 돌이 놓인 자리를 기억한다. 프로바둑 기사를 시험하고자 바둑돌을 한 칸만 옆으로 옮겨 놓아도 귀신같이 알아챈다. 바둑판에 놓인 돌의 위치를 어떻게 그리 잘 알고 있는 지 신비로울 따름이다.

바둑을 외우는 것이 아니라 바둑의 맥을 기억하는 것이다. 논문도 비슷하다. 수많은 글자와 자료가 있지만 각각의 맥이 있다. 그 맥의 위치에 있어야 할 순서와 자료가 제대로 놓을 수 있는 기술이 필요하다.

인용은 내 주장을 전개하는 데 효과적이다. 말과 글에는 말하는 사람이나 글 쓰는 사람의 권위가 실려 있기 때문이다. 같은 이야기를 하여도 전문가와 일반인의 무게가 다른 것은 그 말을 하게 된 배경과 과정이 다르기 때문이다. 선행 연구를 충실하게 하고, 자료를 찾는 것은 내게 필요한 응원군을 보태는 작업이다.

신문의 명칼럼이나 텔레비전의 명강사들의 말과 글을 보라. 말하고자 하는 주제를 참 재미있게 전달한다. 그런데 이들의 주장은 자신의 것이기보다는 많은 부분 다른 사람의 글이나 작품이다. 다른 사람의 글이나 말을 자기 주제에 맞게 절묘하게 인용한다.

자료들을 적절한 곳에서 각주나 인용문으로 활용할 수 있어야 한다. 인용만으로 된 글은 표절이다. 연구자의 주제 의식이나 생각이 없기 때문이다. 반대로 인용이 없는 글은 사상누각이 될 수 있다. 주장을 뒷받침하는 근거가 약하기 때문이다. **내 주장을 펴는 데 필요한 충분한 근거는 글의 신뢰도를 높이는 결정적인 역할을 한다.**

잘 쓰여 졌다고 평가를 받는 논문의 대부분은 충분하고도 풍부한 각주와 참고문헌 등으로 무장되어 있다. **잘 쓰여졌다고 평가받는 논문을 참고 삼아 인용의 기술을 높여라.** 논문에서 풍부한 선행 연구와 충분한 참고문헌을 활용하였다면 그 자체로서 의미가 있다.

# 제7부

# 논문은 형식이 90%

## 1.

## 논문의 생명은 형식

논문에서 중요한 것은 내용이라고 생각하면서, 형식을 그저 형식으로만 생각한다. 오산이다. 내용이 우수한 논문이라면 형식을 갖추지 않으면 좋은 평가를 받을 수 없다.

대학원은 논문의 형식을 자연스럽게 몸에 익히는 과정이다. 형식은 운동으로 말하면 폼을 익히는 것이다.

학습이라는 글자는 배울 학(學)에 익힐 습(習)이다. 익힌다는 말은 새가 날개짓을 수 백, 수 천번하는 것이다. 날개짓을 한다는 생각없이 신체화하는 것이다. 야구선수가 폼을 익히듯이 논문의 형식을 익혀야 한다. 논문에서 내용이 중요하다고 생각하는 것은 스트라이크를 던지지 못하는 투수가 빠른 공만 있으면 된다고 생각하는 것과 같다.

논문 형식은 대학원의 규정이나 학과 내규로 정해져 있다. 논문을 쓰면서 형식에 맞추어 다시 정리하는 것은 생각보다 많은 시간을 필요로 한다. 논문 형식을 익히는 시간은 빠를수록 좋다.

대학원 수업에 제출하는 과제부터 학위 양식으로 제출하라. 형식은 훈련이고, 반복을 통해 익히게 해야 한다. 논문 쓰면서, 형식을 고치는 것은 막바지에 정말 중요한 시간을 소비하는 것이다. **학교의 논문 양식으로 스타일을 지정해 두고, 수업에서 제출해야 할 과제물부터 활용하자.** 규정이 생각보다 까다롭다면 본보기 스타일을 지정해 두고 파일을 복사하면서 활용하는 것도 방법이다.

논문 형식의 핵심은 통일성이다. 전체적으로 통일되어 있는지를 확인하는 훈련, 습관이 필요하다.

## 체제의 형식

체제는 분류의 단위와 기준을 말한다. 장, 절, 항과 같이 단위에 따라서 체제가 나누어진다. 큰 제목과 작은 제목, 본문과 인용문 사이의 행간 가름이 어떻게 되어 있는 지를 확인한다.

차례의 체제를 정하는 것은 들여쓰기와 내어쓰기 두 방법이 있다. 내어 쓰기란 큰 제목으로부터 작은 제목으로 올 때 내어서 쓰는 것이다. 들여쓰기는 이와는 반대로 큰 제목에서 작은 제목으로 갈 때 들여 쓰는 방법이다.

제목은 큰 제목에서부터 작은 제목으로 올수록 크기를 줄여서 쓴다. 제목의 서체는 각 단위에 따라 다르게 사용한다. 일반적으로는 시각적으로 강한 느낌을 내는 것과 부드러운 느낌을 주는 서체를 엇갈려 사용한다. 즉, 큰 제목이 고딕계통이면 그 다음 제목은 명조계통으로 그 다음 제목은 다시 고딕계통으로 사용한다. 서체의 크기도 변화를 주어 차등있게 나타낸다.

(보기 1)

Ⅰ. 한국의 전통문화

1. 한국의 전통 음식

1) 발효식품

(1) 콩을 이용한 발효식품

① 된장

(보기 2)

Ⅰ. 한국의 전통문화

1. 한국의 전통 음식

1) 발효식품

(1) 콩을 이용한 발효식품

① 된장

## 서체

논문에서는 여러 서체를 사용한다. 서체는 논문을 보기 좋게 하기 위해서 사용하는 것이 아니다. 서체는 글의 성격이 다르다는 것, 글의 위상이 다르다는 것을 보여주기 위해서 사용한다. 이것은 제목이고, 이것은 저자이고, 이것은 본문이고, 이것은 각주이고, 이것은 참고문헌이라는 것을 드러내기 위해서 사용한다.

논문 사용하는 서체는 생각보다 다양하다. 여러 가지 서체를 사용하는 것은 글의 단위가 다르기 때문이다. 논문에 사용하는 서체로는 본문을 비롯하여 논문제목, 부제목, 연구자, 장제목, 절제목, 항제목, 표제목, 출처, 인용문, 각주, 참고문헌 제목, 참고문헌 본문, 요약문 제목, 요약문 본문 등등이 있다.

서체별로 행간이나 들여쓰기 띄어쓰기, 위 아래의 행간 비우기에 대한 규정이 정해져 있다. 복잡한 규정을 일일이 따르기 어렵다면 표준이 되는 스타일을 정해두고 사용하거나 본보기가 되는 파일을 이용하는 것이 좋다.

내 경우에는 '표준-바탕글', '표준-장제목 Ⅲ', '표준-절제목 3', '표준-인용문', '표준-각주' 등으로 지정해서 사용한다. 다음은 서체의 본보기 예이다.

# 제목 (굴림 20, 가운데 정렬)

본문크기로 3행 띄움

이름(소속, 중고딕 11, 오른쪽 끝 정렬)

본문 크기로 2행 비움

## 1. 장제목(바탕체 16, 장평 95, 자간 -5, 왼쪽 여백 30, 진하게)

*장 제목 아래로 2행 띄움

### 1) 절제목(왼쪽 여백 15, 견명조 13)

*절 제목 아래로 1행 띄움

본문(바탕체 11포인트, 장평 95, 자간 -5, 줄 간격 160%, 들여쓰기 10)

각주(휴면명조 10포인트, 장평 95, 자간 -5, 줄 간격 150%, 들여쓰기 15. ; 각주 형식은 '작자, 〈논문제목〉≪책제목≫(출판사, 연도), p. 00.)

인용문(신명 10포인트, 장평 100, 자간 0, 행간 170%, 왼쪽 여백 20, 들여쓰기 10, 위로, 아래로 1행 띄움)

#### (1) 항제목(견명조 12, 장평 95, 자간 -5, 왼쪽 여백 13)

*위로 아래로 1행 띄움

① 목제목(바탕 11, 장평 95, 자간 -5, 왼쪽 여백 10)

*위로 1행 띄움

[표-4] 표제목(한컨돋음 10, 장평 95, 자간 -5, 가운데 정렬)

| 일련번호 | 표속본문<br>(돋움 10, 장평 95, 자간 -5,<br>줄 간격 160%, 가운데 정렬) | 비고 |
|---|---|---|
| 01 | | |
| | | |

참고문헌(신명조 15, 장평 95, 자간 -5, 가운데 정렬)

별면(別面)으로 새로 시작, 참고문헌

(위로 1행 띄움)

*참고문헌 배열은 단행본(외국, 국내), 논문, 기타

□ 배열 제목

(바탕 12, 장평 95, 자간 -5, 줄 간격 160%, 여백 10)

참고문헌 본문

저자,∨「논문제목」,∨『책제목』, 출판처, 출판일.

(바탕체 11포인트, 장평 95, 자간 -5, 줄 간격 160%, 내여쓰기 20)

# 2.

## 인명·고유명사 표기

### 인적 정보

논문의 성격에 따라서 한자나 원문 혹은 필요한 자료를 병기(倂記) 해야 할 경우가 있다. 일반적으로 '( )'를 사용한다. 한글맞춤법에 따르면 '( )'를 포함한 묶음표는 원어, 연대, 주석, 설명 등을 넣을 때 사용한다.

인명이 나오는 경우에는 그 인물과 관련된 사항을 병기하기도 한다. 예컨대 그 인물의 생몰연대, 혹은 직책이나 직위, 나이, 주소 등을 병기한다. 이때는 어떤 내용을 어디까지 기록할 것인지 기준을 정한다.

인물이나 역사표기에 대한 원칙 예시

① 주요 인물에 대해서는 인물의 한자명을 ( ) 안에 쓰고 생몰기간을 병기한다. 예) 공민왕(恭愍王 : 1351~1374)

② 주요 연대는 서기와 함께 재위 연도를 표시한다. 예) 홍건적은 1359년(공민왕 8년)

③ 옛지명은 현재의 지명과 병기한다. 예) 홍건적의 침입으로 왕은 복주(福州 : 安東)에까지 피난하였었다.

'( )'를 사용할 때는 통일성이 있어야 한다.

> 생활이 안정되고 핵 가족화 되면서 젊은이들의 사고 방식이 많이 달라지게 되었다. 이른바 '신세대(일명 ×세대)'의 등장이다. 이들의 문화적인 환경은 이전의 세대들과 큰 차이를 보인다. 특히 칼라방송의 시작과 VTR의 보급은 젊은이들의 사고 방식에 많은 영향을 주었다. 칼라는 사고의 자유로움을 VTR은 일방전달의 문화구조를 선택의 문화구조로 바꾸었다. 이러한 결과 기성 세대는 '쉰세대'(구세대)로 불려지게 되었고, 이들 사이의 문화적인 격차를 줄이는 것이 사회적인 문제가 되고 있다.

위의 인용문에서는 ' '의 위치를 보면 차이가 있다. '신세대(일명 ×세대)'는 강조의 ' '가 ( )의 안에 있지만 '쉰세대'(구세대)는 강조의 ' '가 ( )의 밖에 있다.

> 1990년대 들어서면서 젊은 감독들에 의한 참신한 작품들이

대거 쏟아졌다. 대표적인 작품으로 '영원한 제국(주연 : 안성기)', '너에게 나를 보낸다(주연: 정선경)', '세상 밖으로'(주연 : 이경영), '테러리스트(주연 ; 최민수)' 등이 있다. 이러한 작품들은 새로운 세대의 등장이라는 시대적 상황과 맞물리면서 영화는 큰 인기를 모았다.

위의 예문은 세 가지가 통일되지 않았다.

하나는 앞의 예처럼 ' '와 ( )의 위치이다. '영원한 제국(주연:안성기)'와 '세상 밖으로'(주연:이경영)는 ' '를 다르게 표기하였다.

다른 하나는 ':'와 ';'이다. '영원한 제국(주연:안성기)'에서는 ':'로 표기하였고, '테러리스트(주연;최민수)'는 ';'를 사용하였다.

세 번째는 띄어쓰기이다. '영원한 제국(주연 : 안성기)'에서는 ' : '로 ' : '의 앞, 뒤를 띄었다. 반면 '너에게 나를 보낸다(주연: 정선경)'에서는 ': '로 앞쪽은 띄우지 않았고, 뒤쪽은 띄었다.

## 병기의 원칙

한글과 영어, 한글과 한자, 약어와 술어처럼 두 가지 언어나 해석이 필요한 경우에는 일관성이 있어야 한다. 문장에서 병기하는 예는 다음과 같다.

① 인명이나 특수한 용어의 한자음을 밝힐 때이다. 예전에는 한자어를 많이 사용하였는데, 지금은 영어나 기타 언어를 많이 사용한다.

> 허균(許筠)의 문집에 수록된 저술들을 살펴보면 그 현실과 자연 두 세계를 동시에 지향하고 있음을 알 수 있다. 허균은 정기신(精氣神) 삼보(三寶)를 보존함으로써 연명장수(延命長壽)할 것으로 믿었다.

반대의 경우도 있다. 주요 용어를 한자, 영어 등을 쓰고 한글을 나란히 적기도 한다.

> 인간의 情緖(정서)는 주위 환경에 따라 민감하게 반응한다. 갑자기 주변환경이 바뀌게 되면 인간의 정서는 不安定(불안정)하게 된다. 따라서 어떤 것이 眞正한 情緖(정서)를 나타낸다고 속단하기 어려운 점이 있다.

위 본문에서는 '眞正'은 다음에는 (진정)이 들어가야 통일성이 있다.

> -호수 全文-, -이슬비 전문-

여러 작품을 인용할 때 범하기 쉬운 오류이다. 앞에서는 '全文'을 한자로 표기하였고, 뒤에서는 '전문'이라고 한글로 표기하였다.

② 인물의 인적 사항을 표기할 때이다. 논문에서 사람이 나올 때는 관련 정보를 표시하기도 한다. 이름의 한자를 쓰기도 하고, 태어난 해와 죽은 해를 표기하기도 하고, 직책을 쓰기도 한다.

> 구제금융 한파가 몰아치기 직전인 1997년 가을까지도 홍길동(37·여· 강원도 금강산 거주)씨는 내 집 마련을 앞두고서 행복에 겨워 있었다. 혼자의 몸으로 시작한 지 10여년 동안 내집 마련을 위해서 옷 한 벌 제대로 해입지 않고 저축해왔고, 이제 그 꿈이 현실로 나타난다는 생각이 밤잠을 설칠 정도였다.
>
> 어떤 작품들은 음악처럼 아름다운 선율로 우리의 마음을 사로잡았으며, 어떤 작품들은 세상에 대한 어떤 칼날보다 날카롭게 대응하였다. 이상(李箱)의 작품은 일제시대 암울한 현실 속에 고뇌하는 인간의 내면세계를 추구하였다. 우리 나라에서 가장 사람받는 시인인 김소월(金素月)의 작품은 많은 시들이 노래로 불려졌다. 반면 金南川의 작품은 동시대를 살아가는 서민들의 저항정신을 담아냈다.

위의 글은 사람 이름의 한자를 넣었다. 한자를 넣는 방식도 여러 가지이다. '홍길동洪吉童', '홍길동[洪吉童]'처럼 이름 다음에 한자를 바로 쓰기도 하고, '홍길동(洪吉童)'처럼 '( )'를 사용하기도 한다. 정해진 규정은 없다. 대학의 규정에 따르면 된다. 다만 어느 경우이든 하나로 통일해야 한다.

③ 줄임말의 원어를 밝힐 때이다.

보정작업을 할 때는 컬러챠트(color chart)를 옆에 두고 지질에 따른 색상의 변화를 살펴가면서 작업해야 한다. 컬러챠트(color chart)는 색 견본집으로 옐로우(yellow, 黃), 마젠타(magenta, 赤), 시안(cyan,靑), 블랙(black, 黑)의 망점 농도가 변화된 것을 인쇄한 책으로 대지 지정시에 사용한다. 흔히 M, Y, C로 표시하며 각 색깔의 비중에 따라서 색깔별로 %를 지정해 준다.

④ 부연설명을 할 때이다.

어렵고 힘든 일이 생기거나 세상에 대한 혐오가 생길 때면 인간은 누구나 현재의 삶에서 벗어나 낙원 속에서 살기를 희망한다. 이러한 욕망은 현실적으로 거의 실현될 수 없는 것이지만 인류 역사상 인간이 추구하는 *理想樂園(유토피아)의 꿈은 문학이나 상상력을 통해 표현되어 왔다. 이상낙원을 뜻하는 말인 *유토피아(Utopia)는 원래 이 세상에 없는 곳, 비현실적이고 실현 불가능한 환상적인 곳이라는 의미가 있다고 한다. 동시에 유토피아는 현실에서 탈출하여 이상세계에 이르고자하는 인간의 기대와 희망을 상징하는 의미도 포함되어 있다.

한글과 한자를 쓰는 경우 혹은 영어를 병기하는 경우에는 영어나 한자는 어떻게 처리할 것인가를 기준으로 정해 두어야 한다.

한자의 경우를 기준으로 보면 한글을 쓰고 '( )' 속에 한자를 넣을 것인가? 아니면 '( )' 없이 한자를 노출시킬 것인가? 노출시킨다면 한글과 같은 급수로 할 것인가?, 한 급수 낮추어 노출시킬 것인가? 서체를 달리 할 것인가? 등등의 표기 방법을 결정해야 한다.

또한 원어나 한자가 반복 될 때에는 어떻게 할 것인가? 전부 한자를 밝힐 것인가? 맨 처음 나올 때만 한자를 밝히고 나머지는 한글로 처리할 것인가?, 아니면 각 장, 혹은 각절 마다 맨 처음에만 허용할 것인가? 하는 등의 문제도 기준을 정해야 한다.

이 기준에 따라서 다음과 같이 결정할 수 있을 것이다.

첫째, 병기 대상을 정한다. 앞의 보기처럼, '인명'이나 '지명' 같은 고유 명사, 또는 중요한 개념의 경우에는 한글과 한자를 병기할 것인지를 원칙으로 정한다. 개념어의 경우나 보충 설명이 필요한 경우에는 원어 표기를 할 것인지를 정한다.

둘째, 병기 방식이다. 이중언어나 부가 설명을 할 때는 어떤 형식으로 할 것인지를 정한다. 한글 옆에 '( )'를 사용할 것인지, 아니면 '()' 없이 이어 쓸 것인지를 결정한다. 이때는 한 글자 작게 표기할 것인지, 아니면 위첨자로 표기할 것인지 등의 방식을 정해 둔다.

셋째, 병기 횟수이다. 논문 처음부터 끝까지 관련 사항이 나오면 모두 병기할 것인지, 아니면 맨 처음 나오는 경우에만 할 것인지, 아니면 장을 기준으로 하여, 장의 맨 처음에만 할 것인지를 결정한다.

고민이 된다면 가장 최근에 나온 박사학위 논문을 기준으로 하면 된다. 학술지의 경우에는 학술지의 편집 방향이 정해져 있다.

표기 원칙의 예를 제시하면 다음과 같다.

① 중요한 용어나 개념에 설명이 필요할 때는 장을 기준으로 각 장에서 처음 나올 때 개념의 원어를 ( ) 안에 적는다.

② 인명은 한글(한자, 생몰연대)로 표시한다. 다만 생몰연대가 확실하지 않을 때는 '?'로 표시한다. 예) 홍길동(洪吉童, 1234-5678), 홍길동(洪吉童 ?-5678)

③ 외국의 기관이나 단체는 맨 처음에 ( )에 전체를 쓰고, 이후로는 쓰지 않는다. 예) 철수는 국제통화기금(國際通貨基金, IMF: INTERNATIONAL MONETARY FUND) 관리체제로 많은 고통을 겪었다.

④ 기타 사항은 일반적인 원칙을 따른다.

## 3.

# 문장부호, 약물, 기호

친구의 편지를 읽다가 숨을 거둔 이가 있었다. 까닭을 알아보니 그 편지에는 온점(마침표)나 반점(쉼표)이 하나도 없더라는 것이었다. 물론 우스갯소리지만 이 이야기는 문장부호를 제대로 활용하는 것이 얼마나 중요한지를 일깨워 준다.

- 송준호, 『좋은 문장 나쁜 문장』, 살림출판사, 2009, 86~87쪽.

글을 쓰면서 평소에는 잘 인식하지 못하는 것의 하나가 문장부호, 약물이다. 문장부호나 약물은 약속된 의미를 나타낸다. 정확하게 사용했는지, 통일되어 있는지 확인해야 한다.

특히 각주나 참고문헌을 보면 문장의 마침을 의미하는 온점( . )이 빠지는 경우가 흔히 있다. 문장부호가 빠지지 않았는지, 달라진 것이 없는지를 확인해야 한다.

약물은 일상적인 단어와는 달리 작품이나 논문 등임을 밝히기 위해 사용하는 부호이다. 어떤 약물을 사용할 것인가를 규정해 두어야 한다.

논문에는 여러 가지 기호나 약물이 사용된다. 논문에 필요한 양식이나 기호는 미리 정해두고 일관성 있게 사용하는 것이 좋다. 가령 책은『 』으로, 논문은「 」으로, 작품은 < >으로 해두는 것처럼 기호에 대해서 분명한 기준을 갖고 과제나 보고서 제출시 활용하는 것이 좋다. 사례를 들면 다음과 같다.

① 문장부호는 한글 맞춤법의 사용 예를 따른다.

② 문학 작품이나 예술 작품은 < >로 하고 서적은《 》으로 한다. 다만 시집이나 작품집과 같이 여러 작품으로 이루어진 경우나 한 작품이라도 여러 권인 경우에는《 》를 사용한다.

③ 학술서적이나 정기간행물은『 』로 하고, 단행 논문이나 글은「 」로 한다. 원서인 경우에는 책 제목을 이탤릭체로 하고, 논문 제목을 ' '로 표기 한다.

④ 직접 인용은 " "로 하고, 강조나 특수 용어, 간접인용은 ' '로 표시한다.

⑤ 신문을 인용하는 경우에는 연월일 표기없이 숫자로 한다. 보기)「나라일보」, 2010. 05. 28.

⑥ 인터넷 자료는 URL를 표기하고, 검색한 날자를 연월일 표기없이 숫자로 한다. 보기)「DBpia」, https://www.dbpia.co.kr/ 검색

일 : 2025. 03. 15.

약물에서 중요한 것은 통일성이다. 통일된 하나의 부호로 통일되어 있는지를 확인해야 한다. 자판이 바뀔 경우, 직접 인용이나 간접인용 표기가 바뀌기도 한다.

누락은 없는지를 확인한다. 직접 인용에 사용하는 " "나 간접인용이나 강조에 사용하는 ' ', 작품이나 논문, 책에 사용하는 〈 〉, ≪ ≫ , 「 」, 『 』와 같은 약물은 앞뒤가 바뀌지는 않았는지를 살피고, 같은 것을 표기한 것과 통일되어 있는지를 확인해야 한다.

오랜 농경생활을 바탕으로 생활해 온 우리 민족은 국가적 혼란이나 어려움이 생길 때면 적극적으로 동참하는 모습을 보여주었다. 또한 우리민족은 이웃의 아픔을 내 아픔으로 생각하고 살아가는 모습을 보여주었다. 우리라는 의미 속에서 '우리'는 단순한 복수를 상징하는 것이 아니라 공동체의 삶을 살아가는 *'우리" 모두를 의미한다.

위의 보기에서는 필자가 강조하는 부분을 ' '로 하였다. 그런데 앞의 우리는 '우리'로 표기하였고, 뒤는 '우리"로 표기하였다.

고전이란 사전적 의미로 '오래된 전적', '본받을 만한 가치가 있는 작품'으로 정의할 수 있다. 오랜 역사 속에서 우리 민족은 훌륭한 고전문학적 전통을 이어오고 있다. 우리 시대 고전이라고 말할 수 있는 작품으로는 ≪춘향전≫, ≪구운몽≫, 《홍길동전》을 들 수 있다. 이러한 작품은 한 작품의 차원을 너머 문화유산으로서 새시대의 문화적 자산인 것이다.

위의 보기에서는 문학 작품을 '≪ ≫'로 표기하였다. 그런데 ≪춘향전≫, ≪구운몽≫은 '≪ ≫'로 하였고, 《홍길동전》은 '《 》'로 표기하였다. 통일되어 있지 않다.

예술이라고 할 때는 흔히 음악, 미술, 그림·사진, 영화, 만화, 무용/행위예술을 일컫게 된다. 현대에 오면서 과학과 접목된 새로운 형태의 예술 장르가 생겨나고 있다. 백남준의 비디오아트가 그 대표적인 예이다.

위의 보기에서는 동등한 것을 표기할 때의 경우이다. '그림·사진'은 그림과 사진 사이는 ·로 표기하였고, '무용/행위예술'은 '/'로 표기하였다.

움직일 듯 역동적으로 서 있는 힘찬 소의 모습을 그린 이중섭의 '흰소'와 박수근의 <여인>은 사물에 대한 새로운 인식과 독특

한 화풍으로 한국 미술사의 한 획을 그은 작품으로 평가된다.

위의 보기에서는 작품을 두 가지로 표기하였다. '흰소'는 ' '로 하였고, <여인>은 '< >'로 하였다.

문장부호나 약물을 사용한다면 띄어쓰기에 유의해야 한다.

신라시대의 기록은 많이 남아있지 않아 그 당시의 생활모습을 오늘날에 유추하기란 쉽지 않다. 신라인의 생활과 역사를 이해하기 위해서는 ≪삼국유사≫, ≪삼국 사기≫를 읽어야 한다. 특히 일연의 ≪三國遺事≫는 민간인들의 생활을 이해할 수 있는 귀중한 자료이다.

위 보기에서는 ≪삼국 사기≫를 붙어야 하고, '삼국유사'와 '三國遺事'의 한자, 한글 표기를 하나로 통일하는 것이 좋다. 한자를 쓴다면 통일하는 것이 좋다. '삼국사기' 역시 '三國史記'로 통일하는 것이 좋다.

# 4. 각주와 참고문헌

## 각주달기

단언하건대 논문에서 각주만 제대로 붙일 수 있다면 논문 형식은 다 갖추어진 것이나 마찬가지다. 그 만큼 각주는 중요하다.

각주가 어렵다고 한 것은 각주를 달아야 할 형태나 방식이 다양하기 때문이다. 원문을 직접 인용할 수도 있고, 페이지만 밝힐 수도 있고, 일정 부분을 참고로 할 수도 있다. 각주에 달아야 출처는 다양하다. 단행본일 수도, 논문일 수도, 잡지의 글일 수도, 신문의 칼럼이나 기사일 수도, 학술대회 자료집일 수도, 구술 채록이나 증언일 수도 있다. 우리 글일 수도 있고, 외국어일 수도 있고, 사서삼경이나 한문 문집의 편일 수도 있다. 다양한 모든 경우를 대비하지는 못하더라도 전공 분야에서 자주 사용하는 각주의 형식은 알고 있어야 한다.

① 각주의 필수 요소

각주는 필수적인 요소가 있다. 글쓴이, 논문, 논문이 게재된 발간물, 발행기관, 연도, 인용 페이지, 인용내용 등이다.

다만 각각을 표기하는 형식은 차이가 있다. 가령, 논문을 ‘ “ ” ’로 표기할 것인가 ‘「 」’로 표기할 것인가, 책을 ‘『 』’로 표기할 것인가, ‘《 》’로 표기할 것인가의 차이가 있다.

각각은 의미가 다르기에 각 요소 사이에는 ‘ , ’나 ‘ . ’로 구분한다. 각주나 참고문헌의 기입 양식은 정해진 법이 있는 것은 아니다. 학술단체, 연구기관, 출판사에 따라서 조금씩 다르다. 시대 따라서도 조금씩 달라진다.

각주 방식은 일반적으로 두 가지이다. 하나는 본문에 인용할 책의 저자와 연도, 인용쪽 수를 표시하고 뒤에서 출판 사항과 인용문 페이지를 다는 방법이다. ‘(홍길동, 2010, 34)’식이다.

다른 하나는 바로 본문 아래에 출판 사항과 인용 페이지를 기록하는 방법이다. ‘필자, <단행논문>≪도서명≫(출판사: 연도), p. 00.’ 방식이다. 어떤 것이 좋을 지 모를 때에는 학과 박사학위 논문을 참고로 하면 된다.

각주 기입 방법의 원칙을 정해 두어야 한다. 필자나 번역자, 편저자 등 인명이 가장 먼저 나오고, 쉼표를 한다.

논문이나 짧은 소제목이 오고, 단행본인 경우 서명이 온다. 책이름 다음에 ‘( )’ 속에 출판사항을 넣는다. 출판사 앞에 발행지역을 표기하기도 한다. ‘ ) ’ 다음에는 쉼표를 쓰고 ‘p.’를 쓴다.

인용문의 페이지는 일반적으로 ‘p.’나 ‘pp.’를 많이 사용한다. ‘쪽’, ‘면’을 많이 쓰기도 한다. ‘p.’는 한 페이지 안의 내용을 인용할 때, ‘pp.’는 2페이지 이상을 이용할 때는 쓴다. ‘p.’ 다음에는 인용문의 페이지를 쓰고 마침 점을 찍는다. ‘p.’의 온점은 줄임을 의미하는 것이므로 다음은 띄어야 한다.

참고문헌의 방법 하나를 예시하면 다음과 같다.

① 참고문헌은 ‘인명, 『도서명』, 출판사, 출판연도.’로 한다.

② 영어인 경우에는 도서명은 이탤릭체로 한다.

③ 이름을 영문으로 표기할 때는 성, 이름순으로 한다.

각주 양식을 예시하면 다음과 같다.

① 저서는 저자, 『도서명』(출판지; 출판처, 연도), 인용쪽으로 한다. 보기) 홍길동, 『홍길동연구』(서울 ; 우리대학교 출판부, 1999), p. 5.

② 논문은 저자, “논문,” 『게재지』권호(발행처, 연도), pp. 인용쪽.으로 한다. 보기) 홍길동, “홍길동의 삶,” 『홍길동학』99집(홍길동학회, 1999), pp. 345~346.

③ 기타 서양어권의 경우에는 논문은 “ ”로, 단행본은 이탤릭체로 한다.

④ 언론의 보도자료를 인용할 때는 기사 제목은 “ ”로, 언론사는

『 』로 한다. 기사의 출처를 확인하기 위해서 URL을 붙이고, 검색날자를 표기 한다.

각주를 달 때에는 '앞의 책'이나 '위의 책' 등의 표기보다는 인용문 전체를 달아주는 것이 좋다.

**논문의 각주 형식은 내규로 규정한다. 앞에서 나온 논문이나 도서를 인용할 때, '앞의 책'이나 '위의 책'으로 하도록 규정하기도 한다. 각주를 교정하는 작업은 가장 마지막에 해야 한다.** 논문을 수정하다보면 본문이 이동하는 경우가 있다. **논문을 수정하는 과정에서 순서가 바뀔 수도 있고, 각주가 달라지기도 하기 때문이다. 미리 수정하면** 앞의 책이나 논문이 어떤 것인지 헛갈릴 수 있다. 앞에서 보았던 책이나 논문이 없어지기도 한다. **논문을 수정하는 동안에는 어떻게 될지 모른다. 일단 논문을 쓰는 동안은 작가, 논문, 출처**(발간처, 연도), **인용페이지 등을 모두 기록하고, 맨 마지막에 고치는 것이 좋다**.

## 각주 통일

각주는 형식이 통일되어야 한다. 각주는 본문이 아니기에 일반적으로 본문과 다르게 한다. 각주는 본문의 서체와 다른 서체를 쓰거나 본문과 다른 들여쓰기, 내여쓰기를 한다. 각주의 기준선을 어디에 두고 있는지를 전체적으로 확인한다.

인용 페이지를 의미하는 'p'의 대소와 쓰임이 바르게 사용되었나? 각주에서는 페이지 번호를 줄여 '소문자 p'로 표기하기도 한다. 이때는 'p' 다음의 '.'을 붙여 'p.'로 표기해야 한다. 'p.'는 'page'의 약자라는 의미이다. 'p.'처럼 페이지, 인명을 표기할 때 줄임이라는 의미로 '.'를 쓰면 다음에 반드시 띄어야 한다.

인용하는 페이지가 두 페이지 이상일 때는 'pp.'로 표시한다. 두 페이지 이상을 표기할 때는 인용하는 페이지 단위를 모두 써주는 것이 좋다. 가령 120페이지부터 125까지 인용하였으면, pp. 120-5라고 표시하기보다는 pp. 120~125로 하는 것이 좋다.

① 홍길동, <의적 홍길동>(활빈당출판사), P. 12.

② 홍길동, <의적 홍길동>(출판사), pp. 12.

③ 홍길동, <의적 홍길동>(출판사), p.12.

④ 홍길동, <의적 홍길동>(출판사), p. 12

⑤ 이도령, ≪춘향이는 열녀인가≫(광한루출판사, 1993), pp. 123~6.

위의 예문은 어디를 고쳐야 할까?

①은 'P. 12.'을 'p. 12.'로 해야 한다. 대문자 'P'를 소문자 'p'로 한다.

②는 'pp. 12.'를 'p. 12.'로 해야 한다. 인용하는 페이지가 한 페이지

이기 때문이다.

③은 'p.12.'를 'p.∨12.'로 해야 한다. 'p.'가 'page'의 약자를 의미하기 때문에 띄어써야 한다.

④는 'p. 12'를 'p. 12.'로 해야 한다. 문장의 마지막일 경우에는 문의 마침을 의미하는 종표로 온점(.)을 표기해야 한다.

⑤는 'pp. 123~6.'을 'pp. 123~126'으로 표기한다. 'pp. 123~31.'처럼 달라지는 단위만 표기하기도 하는데, 정확하게 페이지 전체를 쓰는 것이 좋다.

## 참고문헌

참고문헌의 형식은 대체로 각주와 비슷하다. 다만 내어쓰기를 많이 한다. 참고문헌의 순서를 규정하기도 한다. 가령 '참고문헌은 기본자료, 총서류, 해외논문, 국내 논문, 기타 자료 순으로 한다'고 규정하기도 한다.

보기) 참고문헌 양식

① 홍길동, 『동길동연구』, 길동출판사, 1999.

② Sidney, Sheldon J. Psychlogy. New York:MacOonarld, 1999.

# 5. 기타

## 표기 - 고유명사

고유 명사의 경우 띄어쓰기를 어떻게 할 것인가? 하는 문제도 중요하다. 고유명사로 인정해야 할 부분들은 어디까지 인가를 결정한다.

가령 문화콘텐츠 기반 구축 지원 사업'과 같이 띄어쓰기가 애매하거나 자주 나오는 어휘는 어떻게 할지를 정해둔다. 가령 '예비엄마', '유도분만'는 붙여쓰고 '소프롤로지식 분만법', '밀레니엄 베이비', '밀레니엄 첫 아기'는 띄어 쓴다는 식의 기준이 필요하다.

## 표기 - 숫자

숫자와 단위의 통일성을 확인한다. 숫자는 어떻게 표기하는 것이 좋을까? 두 가지가 있다. 아라비아숫자로만 표시하는 방법, 만 단위로 표기하는 방법이 있다.

> ① 2010년 통계에 의하면 해외 건설의 활기로 건설 사업에서는 4,593,600,000원의 순수익을 올릴 수 있게 되었고 정부에서도 연인원 345,000명의 고용창출 효과를 거둘 수 있게 될 것으로 전망하였다.
>
> ② 2010년 통계에 의하면 해외 건설의 활기로 건설 사업에서는 4조 5,936억 원의 순수익을 올릴 수 있게 되었고 정부에서도 연인원 34만 5천 명의 고용창출 효과를 거둘 수 있게 될 것으로 전망하였다.

어떻게 표기해야 할까? 어떤 것이든 상관없다. 통계를 전문으로 하는 논문이라면 숫자를 그대로 표기하는 것이 좋고, 통계를 전문으로 하는 경우가 아니라면 가독성이 좋게 만 단위로 표기하는 것이 좋다. '4,593,600,000원(4조 5,936억 원)'처럼 두 가지를 다 쓸 수도 있다. 어느 것이든 전체적으로 통일되어 있어야 한다.

## 차례 – 표 차례, 그림 차례

표 차례, 그림 차례와 같이 번호를 나가는 것이 있거나, 단위 등의 숫자를 사용한 경우에는 통일성을 점검해야 한다.

교정에서 중요한 것은 전체적인 통일성이다. 동일 사항이 나열되는 경우에는 특히 유의하면서 보아야 한다. 전체가 통일되어 있지 않으면 산만한 느낌을 준다. 서체의 형식이 정연해야 하고, 형식이 맞아야 한다.

## 통일성

논문에서 형식은 통일되어야 한다. 일련번호의 누락이나 중복, 아라비아숫자와 로마자의 혼선은 없는가를 확인한다. 이 경우에는 같은 항목들을 찾아서 한 번에 살피는 것이 좋다.

각주가 있는 경우에는 별도로 각주만 모아서 보는 것이 통일성의 여부를 확인하기에 편리하다. 이태릭체나 위첨자, 밑선 등이 사용된 경우에도 그 사용 예가 적절한지를 다른 것과의 비교를 통해서 살펴야 한다.

「도표 1」「도표 Ⅱ」「도표 3」「표 4」「도표 5」

위 경우에는 전체 형식이 통일되지 않았다. 로마자나 아라비아로 통일되어야 한다. 「표 Ⅱ」는 「표 2」로 고치는 것이 좋다.

| ① 연습문제 1 | ② *연습문제 5* | ③ 연습문제 · 9 |
|---|---|---|

위의 경우에는 연습문제의 ①과 ②는 서체가 다른 것이고 ③에는 ' · '이 들어 있어서 형식이 달라졌다.

① 「도표 1」 「도표 2」 「도표 3」 「표 4」 「도표 5」

② 「도표 1」 「도표 2」 「도표 3」 「도표 4」 「도표 5』

위의 경우 ①에서는 「표 4」가 잘못되었다. '표'로 표기하였는데, 4는 '도표'라고 하였다. ②는 「도표 5』를 수정해야 한다. 표에 사용한 약물은 '「 」'인데, '「 』'를 사용하였다.

통일성은 표기나 단위를 사용할 때 특히 주의해야 한다. 사용한 표기나 단위의 통일되어 있는지를 살핀다.

이번 사건은 한 용감한 택시기사의 신고로 쉽게 해결될 수 있었다. 택시 기사 김00는 지난 6일 충무로 역 근처에서 회사원

박○○를 태우고 서울역 방향으로 가던 중 명동근처에서 사건을 목격하게 되었다.

위의 보기에서는 인명을 표기하는 방식이 두 가지가 사용되었다. '택시 기사 김00'와 '회사원 박○○'에 사용된 인명표기 방식을 통일해야 한다.

훌륭한 신체조건을 바탕으로 어려운 과정을 무사히 통과할 수 있었다. 홍길동씨는 시력 1.5, 키 185Cm, 몸무게 80K으로 평소에도 하루에 2시간씩 빼놓지 않고 규칙적으로 운동을 한다.

위의 보기에서는 단위의 표기를 바로 잡아야 한다. '몸무게 80K'는 '몸무게 80Kg'으로 표기해야 한다.

6.

## 원고 교정의 원칙

### 첫째, 원고를 믿지 말라.

교정 보는 사람은 원고를 믿지 말아야 한다. 교정을 잘 보기 위해서는 필자의 의도를 정확히 파악할 수 있는 능력을 갖추어야 하지만 의도가 지나쳐 필자의 의도를 왜곡할 수 있다.

의문이 생기면 '맞을 거야'하는 안이한 마음을 갖지 말고 확인해야 한다. 교정은 세밀한 주의력이 필요하다. 책을 읽는 독자 역시 다양한 계층의 다양한 직업을 가진 사람들인 만큼 독자들이 먼저 잘못을 발견하기 이전에 잡아내야 한다는 마음 자세로 전투에 임하듯 해야 한다.

## 둘째, 묵독하지 말고 낭독하라

교정을 할 때는 낭독이 필요하다. 묵독하지 말고 하나하나 글자를 집어가며 소리 내어 읽는 습관을 기르자. 눈으로 읽으면 그냥 지나치기 쉬운 것도 소리 내어 읽을 때는 확인이 되므로 정확한 교정을 볼 수 있다.

## 셋째, 손, 발을 고생시켜라.

교정 작업에는 손발을 게을리 해서는 안 된다. 가까운 곳에 필요한 참고서적을 가까이 두고서 확인하는 자세가 필요하다. 잘 모르는 용어나 단어가 나오면 반드시 확인해야 한다. 사전 한 번, 옥편 한 번 찾는 시간을 줄이려 하다가 큰 것을 놓치지는 실수를 범해서는 안 될 것이다.

## 넷째, 낯익은 단어를 주의하라

익숙한 말, 자주 쓰는 말에 유의한다. 인간의 내는 글자 하나 하나를 각각의 단위로 인식하는 것이 아니라 의미를 중심으로 인식한다.

인지도를 알아보기 위한 실험이 있었다. 단어나 숫자, 기호 가운데서 인간이 어떤 단어를 가장 빨리 인식할 수 있는지를 알아보는 실험이었다.

언뜻 생각하면 음절의 수가 적은 숫자나 기호, 알파벳을 먼저 알아볼 것으로 생각되었지만 결과는 달랐다. 인간이 가장 빨리 알아본 것은 '어머니'라는 단어였다. 이것은 우리가 단어를 받아 들일 때 음절별로 하나씩 이해하는 것이 아니라 묶음 단위로 인식하는 것을 보여주는 예다. 즉, 어머니는 'ㅇ ㅓ ㅁ ㅓ ㄴ ㅣ'로 받아들이는 것이 아니라 '어머니'라고 하는 하나의 의미 단위로 수용된다는 것을 보여준 결과라 하겠다.

교정도 마찬가지이다. 우리 생활에서 익숙한 단어나 어휘는 글자의 오자보다는 의미 단위로 인식됨으로써 쉽게 지나치게 된다. 그러므로 항상 익숙한 단어에 대해서도 하나하나 집어 가면서 읽어가야 한다. 잘못은 상식적인 곳, 잘 알고 있는 곳에서 벌어지는 경우가 많다.

### 다섯째, 마지막에는 큰 글자를 다시 한번 확인하라

사고는 큰 곳에서 터진다. 흔히 교정을 보게 되면 본문의 오탈자나 띄어쓰기를 생각하게 된다. 그리고 교정을 보면서 몇 번이고 꼼꼼하게 점검하는 부분이 본문이다. 본문도 중요하지만 제목이나 차례 등의 큰 것부터 확인해 나가라. 먼저 전체 제목이 맞는 지를 보고, 장제목과 페이지를 확인하고, 절제목을 확인하는 식으로 중요한 단위부터 확인하는 것이 올바른 순서이다.

## [후기]

여기까지 와보니 생각보다 말이 많아졌다. 핵심만 찍으려 하였는데, 주절주절 말이 많아졌다. 걱정이 많기 때문이다.

갈수록 글쓰기가 겁나고 두렵다. 글을 쓴다는 것이 빈틈을 보이는 것 같아 두렵다. 글을 쓴다는 것이 쉬운 일이 아니라는 강박이 번잡스럽다. 빚 중에서도 글 빚이 가장 무섭다는 말이 실감 난다.

처음 운전면허를 받아 운전하면 겁이 없다가도 십 년쯤 운전하면 갑자기 겁이 난다고 하는데, 공부도 그렇다.

논문을 잘 쓰기 위해 필요한 것은 '바른 언어생활'이다.

문법에 대한 올바른 이해와 함께 원고지 사용법, 부호 사용법, 교정 부호를 숙지해야 한다. 이를 위해서는 평소 좋은 글을 자주 보거나 글을 쓰고 이를 고치는 습관을 갖는 것이다. 길을 가다가도 잘못된 것이 없는지를 확인하는 자세를 습관화하여야 한다. 반복적이고 지속적으로 숙지할 수 있는 반복 훈련이 필요하다.

이 책을 계기로 초심을 다시 생각하게 되었다. 나아갈 용기가 생겼다.

**전영선** Young-sun, Jeon

건국대학교 대학원 통일인문학연구학과 교수.
대학에서는 국어국문학을 전공했고, 대학원에서는 고전문학 연구로 박사학위를 받았다. 민족 고전이 남북에서 어떻게 달라졌는지를 고민하다 북한 문화정책 연구로 약간의 경로를 이탈했다.
북한이라는 말을 꺼내기도 편치 않았던 시대에 국책 연구과제로 북한 연구를 시작한 이래로 200여 편의 논문과 글을 발표하였다.
학술 연구와 정책 현장, 시민단체와 관련한 활동을 하고 있다. 현재의 연구 화두는 '남북은 통할 수 있을까'이다. 80년의 정치 분단이 가져온 문화 분단을 고민하면서, 통일 개념을 설계하고, 정책을 디자인하는 통일디자이너와 남북 문화의 소통을 고민하는 통일문화번역가를 자처한다.

## 슬기로운 대학원 생활

초판 1쇄 인쇄 2025년 10월 1일
초판 1쇄 발행 2025년 10월 13일

지은이 전영선
펴낸이 이대현
편 집 이태곤 권분옥 임애정 강윤경
디자인 안혜진 최선주 김다윤
마케팅 박태훈

펴낸곳 도서출판 역락
출판등록 1999년 4월 19일 제303-2002-000014호
주소 서울시 서초구 동광로 46길 6-6 문창빌딩 2층 (우06589)
전화 02-3409-2060
팩스 02-3409-2059
홈페이지 www.youkrackbooks.com
이메일 youkrack@hanmail.net

ISBN 979-11-7396-178-6 03800

*정가는 뒤표지에 있습니다.
*잘못된 책은 구입처에서 교환해 드립니다.